曾杰————

著

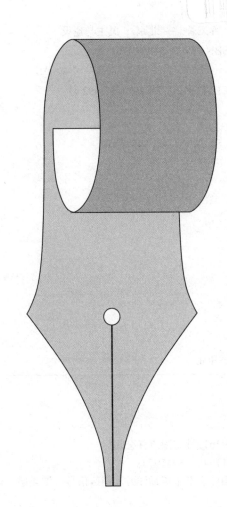

一句话文案高手

民主与建设出版社

·北京·

图书在版编目（CIP）数据

一句话文案高手 / 曾杰著 . -- 北京 ：民主与建设
出版社，2024. 9. -- ISBN 978-7-5139-4701-5

Ⅰ. F713.812

中国国家版本馆 CIP 数据核字第 20240PV492 号

一句话文案高手

YIJUHUA WENAN GAOSHOU

著　　者	曾　杰	
责任编辑	唐　睿	
装帧设计	尧丽设计	
出版发行	民主与建设出版社有限责任公司	
电　　话	（010）59417749　59419778	
社　　址	北京市朝阳区宏泰东街远洋万和南区伍号公馆 4 层	
邮　　编	100102	
印　　刷	天津鑫旭阳印刷有限公司	
版　　次	2024 年 9 月第 1 版	
印　　次	2024 年 10 月第 1 次印刷	
开　　本	670 毫米 ×950 毫米　1/16	
印　　张	14	
字　　数	156 千字	
书　　号	ISBN 978-7-5139-4701-5	
定　　价	52.00 元	

注：如有印、装质量问题，请与出版社联系。

每一位从事文案相关工作的人，如广告人、产品经理、电视文案编辑、新媒体编辑等，无不饱尝如下的困扰。

没思路，不知道文案写作应该从哪里下手。

没创意，写出的文案平平无奇，自己看了都提不起兴趣。

反复改，老板否定了一个又一个方案，改了十几遍，还是不满意。

最可怕的是，你绞尽脑汁想出来的文案，迎来的却是销售数据惨不忍睹的下场。

…………

为什么你辛辛苦苦想的文案没有半点效果？因为你没有真正掌握写文案的方法，甚至连文案的本质都没搞清楚。

相较于其他类型的文字工作，写文案可以说是用最少的字往往能赚到更多的钱。这导致有些人误以为文案很简单，就是写一些吸引眼球的段子。其实不然。段子是段子，文案是文案。有些段子虽然看起来"神"，但它终究不是广告文案。当分清了文案和"伪文案"时，你就已经顺利踏入了文案写作的大门。

文案写作最忌讳平庸、傲慢、不接地气，而是要从营销卖点出发，从目标用户的痛点、痒点、难点出发。你要通过文案为产品与目标用户建立一座沟通的桥梁，让他们心甘情愿地下单，否则注定是劳而无功的。

精彩的文案虽然有长有短，但无论长短，文案的写作技巧万变不离其宗。本书重点讨论的是"一句话文案"，也就是简短的文案。一句话文案写得好，不仅可以降低你与合作对象的沟通成本，还可以扩大你的品牌影响力，提升产品的销售额。

一句话文案不只专业广告文案工作者要写，任何领域的职场人士其实都可能用得上。文案写作正逐渐成为营销人员的基本技能。本书的目的就是降低它的门槛。

在本书中，第一章主要介绍关于文案的基础知识。从第二章至第七章，主要内容则是一条条具体的文案写作经验，教你如何写出有震撼力的语言，如何写出打动人心的文字，如何写出引发读者思考的文案，如何在文案中把产品的卖点讲透，以及如何拓宽思路找到写文案的灵感。

本书每个小节都会阐述文案写作理论，分析经典广告文案案例，梳理文案写作经验，并设有根据实例改编的文案练习（答案在本书的附录部分）。希望读者能掌握文案的这些写作技巧，从而写出有趣、有用、有格调的好文案。

第一章　认清文案的本质，避开"伪文案"的坑

第二章　强化语言震撼力，告别平淡无奇

第三章　读懂大众情感，用诚意创作走心金句

第四章　引发读者思考，提升广告立意的高度

第五章　钻进用户脑海里，把卖点说个通透

第六章　学会"玩梗"借势，借助热门的力量火出圈

第一章

认清文案的本质，避开「伪文案」的坑

什么是"伪文案"

第一次写广告文案的人，一般都会上网搜索"文案"这个关键词。然后网上排列靠前的词条往往是"容易让人点赞的文案，唯美走心，直抵心灵！""会被秒赞的朋友圈走心文案，句句精致，挑一句送给自己""抖音爆火的文案短句"等。点进去一看，大部分是类似下面这样的话语。

- 在真正关心你的人那里，没有什么情绪能隐藏得住。
- 近年来获得的成功主要分为三类：登录成功、下载成功、付款成功。
- 闯红灯的一般有两种后果，要么比别人快一分钟，要么比别人快一辈子。

这些话语都很有意思，有的幽默滑稽，有的见解独到。但严格来说，它们只是网络段子，不属于真正意义上的广告文案。你如果模仿这些网络段子造句，就只能写出一堆"伪文案"。甲方觉得没有用，老板看了很着急，你只能从头再来，在一遍又一遍的修改中身心俱疲。

那么，该如何判断一句或一段文字是真文案还是"伪文案"呢？

办法很简单，那就是看看这些文字内容是否包含了商业目的。伪文案的文字也许很巧妙、有趣，但它本身没有任何商业目的。而真正的广告文案可能是想让大众认识我们（如我们的品牌、业务等），也可能是想让大众信任和支持我们，还可能是让消费者购买我们的产品、参加活动等。

由此可见，广告文案的核心就是同目标用户沟通，改变他们的认知，联络与他们的情感，达成我们的销售目标。

各种品牌的元宵节借势文案

元宵节是一个重要的中国传统节日，这个节日的主题是一家人团聚。按照习俗，人们会在这一天吃汤圆、看花灯、猜灯谜、逛庙会。丰富多彩的元宵节文化为各种品牌的借势营销提供了不少创意。

此类广告借势文案通常会用到汤圆、灯谜、烟花等元宵节元素，巧妙地将产品特点和品牌价值融入节日氛围中，拉近与大众的心理距离。

下面是两个以"团圆"为关键词的元宵节一句话广告文案：

途牛旅游网：跨越千山万水，才懂团圆滋味。

意尔康：愿所有的迈步，走向的都是团圆。

文案解读

途牛旅游网的元宵广告文案"跨越千山万水，才懂团圆滋味"，把元宵节元素和自身业务巧妙地融合在一起。"跨越千山万水"既是在说途牛的旅游业务，又暗示了在外游子远离家乡的处境。"才懂团圆滋味"点明了元宵节的"团圆"主题，并且与前一句相呼应，突出了在外游子返乡时归心似箭的心情。

意尔康的广告文案"愿所有的迈步，走向的都是团圆"，也有异曲同工之妙。"愿所有的迈步"暗合了意尔康的主打产品皮鞋的用途，"走向的都是团圆"这句表达了元宵节的主题，并为目标用户送上了祝福。

文案技巧

由上述案例可见，广告文案会借助一切社会文化元素来实现自己的商业目的。根据商业目的的差异，我们可以把广告文案分为两个基本类型：品牌文案和销售文案。

1. 品牌文案

品牌文案的目的是让用户了解我方品牌，或者让用户对我方品牌产生情感联系。上述案例中的文案就属于品牌文案。你在电梯里、地铁站、火车站看到的灯箱广告，以及在电视上看到的公益广告，基本上都属于这类文案。我们在后面几章讲的文案写作技巧，大多是针对品牌文案的。

品牌文案写作的重点在于展示品牌形象及特点。简单来说，就是用文案告诉目标用户这个品牌是什么，有什么特点，有什么用途，为谁服务，等等。此外，有很多品牌广告的文案把宣传品牌精神价值观作为侧重点。比如，上述案例中的广告文案，传达的是以家庭团圆为主题的人文关怀。

一个好的品牌文案会带动目标用户的口碑传播，扩大品牌影响力，形成自己比较稳定的消费群体市场。要想写好此类文案，不仅要熟悉品牌文化，还要读懂人情世故。否则，文案无法起到塑造品牌的作用。

2. 销售文案

销售文案的目的是让用户购买我方产品，或者参加我方组织的活动。与品牌文案相比，此类文案的商业色彩更浓，对产品价值的表述更直白。电商平台的海报文案、产品详情文案、节假日营销活动文案大多属于销售文案。

销售文案能够明确地展示产品的卖点，从多个方面论证产品的价值和独特性，给目标用户一个充分的、立刻购买的理由。所以，我们经常看到此类文案中出现"立即下单""立即购买"或其他类似意思的表述，目的就是引导你迅速抢购。

创作销售文案不是卖弄文笔，能引起消费者购买欲望才是王道。销售文案提到的卖点越多，越贴近目标用户的痛点，销售效果越好。

总之，如果你写的广告文案既不能传递品牌价值，又不能促进销售，就是无法实现商业目的的"伪文案"。

━━━━ 文案练习 1 ━━━━

要求：肛泰（痔疮药）品牌要制作出关于元宵节的宣传海报。该品牌打算在海报上使用汤圆的元素，可是全家人吃汤圆的场景直接提痔疮药肯定会让人产生不适。你要做的是在海报文案中体现元宵节一家人团圆的主题，巧妙地体现肛泰产品的用途，同时还不会让消费者产生反感。

你想到的第一个广告文案创意是：

_____

_____

_____

肛泰（痔疮药）的元宵节经典广告实际采用的文案是（答案见附录）：

_____

_____

_____

文案三问：说什么，对谁说，怎么说

写文案的基本思路是弄清三个问题：说什么，对谁说，怎么说。

1. 说什么

当拿到一个文案任务时，你不要急着下笔，首先要明白文案写作的目标。也就是说，你的文案是想达成以下哪些目标。

（1）让用户喜欢我们。

（2）让用户转变观念。

（3）让用户直接购买我们的产品。

（4）让用户采取我们所期望的行动。

在明确了具体的目标后，你就能认清自己的写作方向，梳理出文案需要表达的点。接下来你要做的就是明确服务对象，并从理性和感性两方面来斟酌文字表达。文案应该在理性层面做到准确而充分地表达需要输出的信息，在感性层面做到触动目标用户的情绪和情感。

2. 对谁说

文案的使命就是与目标用户进行沟通。当找错了沟通对象时，你的文案就变成了鸡同鸭讲，跟目标用户不在一个频道上。你推荐的产品打算销售给谁，谁就是广告文案的目标用户群体。

需要注意的是，试图讨好所有用户的结果，可能是没有讨好任何用户。只有明确了沟通对象，你才能明白他们的痛点和诉求，知道他们喜欢什么样的沟通方式。这决定了你的文案该怎么说（关于精准锁定文案服务对象的方法，我们将在第三章详细讨论）。

3. 怎么说

文案新手常出现的问题是片面地追求"语不惊人死不休"。结果是你卖弄了写文案的技巧，浪费了感情，却得不到甲方和老板的认可。因为你只是在单方面地输出自己的想法，而没有真诚地跟目标用户沟通。

好文案从来不止一种表达方式，但遵循着共同的规律。比如，文字不平淡、乏味，句子不啰唆，表达没有歧义，内容不牵强附会，描述不深奥、晦涩，说话不唯唯诺诺，语气尊重读者，能跟读者共情等。

滴滴出行：认真对待每一程

2023 年，长沙的滴滴出行针对乘客经常遇到的各种问题，在商场、公交站、地铁站等场所推出了"滴滴出行，认真对待每一程"系列广告：

现在手上拿的行李，

下车时可别忘在后备箱里！

（出租车乘车点"滴滴失物寻找"广告牌）

小酌是为了开心，

打车记得酒后报备，

让关心你的人放心。

（公交站"滴滴酒后乘车保护"广告牌）

文案解读

　　滴滴于2023年发布的这一组户外广告，清晰地展示了"说什么，对谁说，怎么说"的思路，并根据广告投放的场景做了差异化处理。

　　第一段文案来自出租车乘车点"滴滴失物寻找"广告牌，针对的是下车后忘记拿行李的乘客。文案重在提醒乘客别忘了拿后备箱的行李（广告牌上也留了"滴滴失物寻找"的客服电话）。

　　第二段文案来自公交站"滴滴酒后乘车保护"广告牌，针对的是酒后不能自己驾车回家的乘客。文案重在提醒乘客在打车前向家人报备，其中的"让关心你的人放心"充满温情。

　　这些文案简单而直白，说的是人们在日常交流中会说的话，仿佛是在你耳边轻声提醒。文案通过解决每个乘坐网约车的乘客可能遇到的问题，很好地传递了"滴滴出行，认真对待每一程"的广告主题。

文案技巧

滴滴出行的文案之所以成功，就是因为在对的场景中做对用户有用的事。文案创作者挖掘了乘客真正的痛点，用实实在在的沟通来打动大众，让每一个出行有痛点的人都能得到帮助。

我们在写文案的时候可以借鉴这种思路，把"说什么，对谁说，怎么说"贯彻到底。那么，如何做才能确保你的文案做到这一点呢？美国广告界的传奇文案大师罗伯特·布莱总结了4个简明有效的判断标准。

（1）吸引注意：广告文案能在3秒内抓住用户的眼球。

（2）筛选用户：目标用户群体能一眼看出文案与他们的需求相关，而且有用。

（3）传达信息：用户一眼就能看明白文案想表达的主题。

（4）吸引阅读：用户有兴趣继续读下去，直到看完整个广告。

当你写完一句短文案后，用这4个标准检验一下，你就能发现文案哪里存在不足，应该怎样修改了。

文案练习 2

要求：滴滴开通了"滴滴失物寻找"业务，准备在小区门口张贴宣传海报，目的是提醒乘客下车时注意检查东西是否带齐。请用一句文案表达出"所以想在你们进小区前再说一遍，下车的时候别忘了手机、钱包、钥匙这些最容易丢的东西"的意思，但字数尽量控制在30个字以内。可以用缩写、简称等处理方式，但必须让人一目了然。

你想到的第一个广告文案创意是：

_____

_____

"滴滴失物寻找"小区门口广告实际使用的文案是（答案见附录）：

_____

_____

_____

写文案要注意哪些元素

下面是一些重要的文案元素。

（1）开场语。文案的开场语要简洁有力、通俗易懂，能吸引目标用户继续看后面的内容。在比较长的文案中，第一句话和第二句话至关重要，它需要引出一个问题，埋下一个悬念，让用户迅速了解广告文案的主题，进而继续观看和思考。

（2）产品价值说明。文案只需要用最简单、通俗的方式来展示产品的价值，让目标用户一看就明白产品跟自己有什么关系，以及自己可以用这款产品做什么事。

（3）创新点。你必须在文案中突出产品或服务的新功能、新包装、新概念等创新点。好的文案能让用户一眼就发现你的产品或服务与竞争对手有何明显的不同。

（4）物理性质。你应该在文案中提到产品的重量、大小、容量、速度、外观等物理性质，以免客户对产品产生错误的理解，导致客户放弃购买。

（5）技术说明。有些文案推荐的是技术含量比较高的产品。如果文案中带有技术说明，就能让广告看起来更加专业，让产品显得更加可靠。

（6）预测和解决异议。写文案时要充分考虑目标用户可能提出的异议，并在文案中写出解决的办法，才能令对方信任你推荐的东西。

（7）用户的性别和身份。比如，写男性用品的文案时要用男性视角，写女性用品的文案时，必须用女性视角。选错了视角，文案就废了。

（8）服务。文案中应当表明公司对服务的承诺，以便打消目标用户的顾虑。

（9）价格对比。所谓价格对比，就是在文案中强调产品物有所值，让目标用户觉得划算、实惠。

（10）引导下单。文案中应该有引导目标客户下单的元素，促使其尽早做出购买决定。

文案来了

美团：《有些快乐，大人特供》

2023年，美团在六一儿童节推出了一部名为《有些快乐，大人特供》的广告短片。短片内容是两个上班期间偷跑出来玩耍的大人，他俩在几个不同场合说羡慕孩子，结果却获得了孩子无法享受的"特供快乐"。

在第一个场景中，两个大人从美团外卖手提袋中掏出来超大份冰激凌，令三个吃小份冰激凌的孩子看呆了，旁白文案是：

快乐没有高低之分，但有小份和超大份！

在第二个场景中，两个大人感慨孩子能玩很多游乐场项目，结果有个孩子因为身高不到1.2米，不被允许玩，大哭不止。两个大人去玩了这个项目，笑得很开心，旁白文案是：

有时长得高一点，快乐的门槛就能低一点！

文案解读

美团的广告短片《有些快乐，大人特供》中的每一个场景都精准还原了大人生活中的小情绪，并巧妙地融入了美团相关业务的背景。

在第一个场景中，两个大人美慕孩子一点小事就那么开心，随后拿出超大份冰激凌，触发"被孩子美慕"的剧情反转。"快乐没有高低之分，但有小份和超大份！"这句文案是针对美团外卖业务而写的。

第二个场景中："有时长得高一点，快乐的门槛就能低一点！"这句文案表面上是在调侃孩子受限于身高不能玩娱乐项目，实际上是在承诺美团团购门票的便利性，委婉地引导用户下单去游乐场玩。

文案技巧

写文案不是写产品说明书，但必须包含相关的元素。上述案例中的两个一句话文案，都是站在成年人的视角（用户的身份），分别从美团的外卖点餐与门票团购的业务内容（服务）出发，构建了剧情反转的产品应用场景（产品价值说明）。正因为这些文案不着痕迹地展示广告元素，才真正起到了促销的作用。

然而，前面提到的元素不一定要全部堆砌在文案里。因为文案只是广告的一部分，广告的画面、场景、剧情、音乐、人物对白等内容，往往就已经包含了一些需要传递的元素。而文案起到的作用通常是引发思考，升华主题，补充说明，最后引导消费等。

文案练习 3

要求：美团六一儿童节计划推出一个美食主题的海报文案，还是以"有些快乐，大人特供"为表达的主题。老板要求你写一句话文案，要以儿童餐和成人餐的差异为切入点，找到某种只有大人才能感受到的乐趣。要同前面的文案一样，巧妙地传递出主人公"暗爽"的心情。

你想到的第一个广告文案创意是：

_____

_____

_____

美团（美食）《有些快乐，大人特供》实际采用的六一海报文案是（答案见附录）：

_____

_____

_____

文案中隐藏的消费心理学

当你写好文案后，你最怕听到对方说"没感觉"，因为你很难揣摩出对方自己也讲不清楚的"感觉"。不过，"感觉"本身是主观的，主观的东西无不受心理因素的影响。如果你熟悉消费心理学，就能从下面的心理诱因中找出客户想要的"感觉"。

（1）产品的实质。广告文案要挖掘每一款产品独有的本质，并充分展示出来，让客户明白这款产品跟他们有什么关系，能解决什么问题。

（2）制造参与感。平庸的文案只会一味地输出观点，让人觉得你像在说教。优秀的文案则会激发大众的参与感。参与感能让目标用户与你推广的产品或服务之间产生更加密切的联系。

（3）体现真诚。好文案往往是真诚而不做作的，既不会对大众撒谎，也不会搞低级趣味。目标用户本能地对营销话术心存警惕。在这个口碑决定成败的舆论环境中，真诚永远是打动人心的最好方式。

（4）树立信用。文案的使命是获取目标用户的信任，你要做的是打消他们的疑虑和异议。浮夸、失真的文案会让大众本能地产生抗拒心理。

（5）证明价值。你要在文案中主动证明所推之物是物有所值的。这个价值可以是实用性、独特性、创新性、艺术美感、科技含量、人情味和性价比等。

（6）购买行为合理化。目标用户会为一切购买行为给出一个合理化理由，说服自己为之掏钱。广告文案的精髓之一就是为目标用户提供这个理由，让他们相信这钱花得值。

（7）求实惠。消费者想用更少的钱买到更多、更好的产品或服务，是人之常情。在文案中加入"限时限量""特价折扣"之类的信息，能够满足人们求实惠的心理。

（8）信奉权威。尊重权威是大众的习惯。如果广告文案中有权威专家或权威机构背书，或者给出权威的数据和观点，那么你文案的说服力就会更强。

（9）保证满意度。电商平台普遍采用打分机制，让用户反馈自己对产品或服务的满意度。其实，你在写广告文案的时候，就要注意向目标用户保证满意度。特别是承诺用户不满意时可以怎样退货，退钱需要多久，以及其他补偿等信息。这样，才能打消用户对你的顾虑。

（10）与目标用户共情。在写文案之前，我们要认真了解目标用户的思想感情、生活需求，以及当下遇到的烦恼等，才能确保文案与目标用户共情。没有温度的文字打动不了人心，不能共情的文案撑不起品牌。

（11）紧跟当前的时尚潮流。追逐时尚潮流也是广大用户的常见心态。许多国货老品牌也纷纷推出了具有时尚元素的"新国潮"，从而在营销竞争中跻身热门的行列。文案要足够潮，才能引领时尚，讨年青一代用户的欢心。

（12）呼应社会热点。宣传的时机很重要。当一个与目标用户群体相关的社会热点话题出现时，就是一个借势营销的大好时机。好文案不仅要把握热点，还要避免让大众产生"你在硬蹭热点"的反感。

（13）寻找有关联的事物。消费者有时候对产品或服务的理解不太到位，这就需要你降低其理解门槛。常用的办法就是找到他们熟悉且与产品或服务有关联的事物，通过类比和对比的方式，让他们迅速地理解产品或服务的价值所在。

（14）简化购买流程。这是一个人人追求便捷性的时代。你要让消费者感到不用花多少时间、精力和步骤就能完成购物。广告文案应该提示购物的便捷性，完成引导目标用户下单的临门一脚。

（15）营造归属感。要想提高目标用户的品牌忠诚度，就要在文案中为他们营造归属感。归属感是一种具有强烈激励效果的心理诱因，它能很好地调动用户的积极性。

（16）激发好奇心。好奇心会让目标用户对产品产生浓厚的兴趣。我们应该在广告文案中设法激发大众的好奇心，告诉他们体验该产品或服务有什么特别之处。优秀的文案往往会抛出问题、设置悬念，吸引目标用户一口气看完。

（17）制造紧迫感。用户普遍害怕买错东西，但同时更怕错过不易得到的好物，以及错失最划算的购物时机。所以商家常在促销活动的文案中制造紧迫感，促使目标客户马上下单。

（18）利用恐惧感。虽然很多人批判商家或营销号在"贩卖焦虑"，但是这一招在营销推广中屡试不爽。因为它充分利用了人们的恐惧感，再顺势提供解决方案。我们虽然不提倡"贩卖焦虑"，但应该懂得这个心理诱因，通过文案引发大众对某些问题的警醒。

（19）物以稀为贵。当产品具有独特性与珍贵性的时候，用户会更想把它占为己有，并愿意支付更高的价格。因此，你可以在广告文案中反复强调这一点。

（20）拉近关系。放下身段，没有架子，像朋友聊天一样的文案风格，更容易拉近产品与目标用户之间的心灵距离。目标用户只有对广告文案产生共鸣，才能为产品的热销创造机会。

（21）讲故事。用讲故事的手法来撰写广告文案，是一个引发大众共鸣感的好办法。一个温情的故事，可以触动人心的柔软处；一个励志的故事，能够激发目标用户的激情。如果你的文案包含了一个完整的故事，就更容易拍出一部具有人间烟火气的广告片。

（22）愧疚感。消费者在生活中总是会多多少少地产生某种愧疚感。比如，背井离乡的游子，每逢佳节倍思亲，对不能陪伴家人会产生愧疚感。再如，平时疏于关爱家人的人，意识到自己忽视了家人的辛苦和痛点后，也会产生愧疚感。有些产品或服务是为了帮助人们解决愧疚感而设计的，而相应的广告文案会通过揭露事实来引发目标用户的愧疚感，并为其提供消除愧疚感的方案。

（23）怀旧情结。大众从来不缺少怀旧情结。优秀的广告文案会让目标用户看到自己熟悉的东西，唤醒他们内心深处沉睡的美好记忆，从而对文案推荐的产品或服务产生好感。

（24）提供希望。优秀的广告文案会为用户提供希望，让他们相信自己可以通过使用某种产品或服务来努力完成某个目标。你的文案提供的希望越多，这些希望越有实现的可能，就越受大众的欢迎。比如，众多以"做自己"为主题的广告文案，就是以提供希望为核心卖点的。

文案来了

众安保险：让每一份关心更省心

众安保险联合著名演员张国立拍摄了一部广告短片。在短片中，演员张国立用最质朴的话，罗列出人们在生活中真正关心的小事。比如，职场新人关心人事变动，夫妻关心结婚纪念日该为配偶送什么礼物，上班族关心下班的时间，等等。众安保险着眼于人们生活中的这些"关心"，自然而然地展示出了各种保险的组合。最后，张国立从品牌温度的角度总结了众安保险的理念：

想陪你一起，

让事事关心的你，

可以时时更省心，

让每一份关心更省心。

文案解读

众安保险是互联网保险公司，其宣传的核心卖点是：价格省钱、理赔省心、购买省时。

该广告的目标用户群体处于"上有老下有小"的生活状态，他们最大的感触就是生活中要"关心"的事太多。因为"关心"的事太多，所以他们希望能"省心"。广告洞察了人们关心的各种小事，在一个个生活小故事中找到了具体的痛点。

"想陪你一起"这句用到了"拉近关系"的心理诱因。

"让事事关心的你，可以时时更省心"，不仅与目标用户共情，还通过真诚的态度对用户满意度做出了承诺。

"让每一份关心更省心"，是文案的点睛之笔，为大众描绘了充满希望的好结果。

文案技巧

由案例可见，我们在前面提到的 24 个消费心理学诱因，堪称广告文案的力量之源。甲方和老板说不清楚的"感觉"，必然与其中的某个消费心理学诱因挂钩。只要你认真分析、耐心甄别，就能把用户说不清、道不明的那种"感觉"转化为明确而具体的走心方案。

在写文案的时候，你还应该把产品或服务的特点与目标用户的特点结合起来，充分了解目标用户群体的生活细节与情感特征。这样才能准确地找到最能激发他们消费决策的心理诱因，写出最有感染力的文案。关于这方面的内容，我们将在后面的章节中介绍。

文案练习 4

要求：上海蟠龙天地拍了一部短片，希望那些为生活奔波的人能停下来享受生活。短片文案采用的手法是对词句的解构扩写。现在，你站在上海蟠龙天地一家糕点店前，老板对你说"有点耐心"，你要把"有点耐心"解构扩写成一句新的文案，将等待新鲜糕点出炉的焦虑场景巧妙地转化为蟠龙天地的舒适生活。

你想到的第一个广告文案创意是：

_____

_____

_____

上海蟠龙天地宣传短片糕点店场景实际采用的文案是（答案见附录）：

_____

_____

_____

第二章

强化语言震撼力，告别平淡无奇

提炼关键词，重要的信息反复说

很多人刚开始学写广告文案时，都容易犯贪大求全的错误。他们恨不得把所有关于产品的信息都写进去，恨不得把自己脑海中所有的学识都展现出来，结果搞得目标用户看来看去也不明白广告文案究竟想表达什么内容。

正如每一篇文章都要有一个明确的主题，每一句广告文案都要有自己的重点。你如果不清楚文案表达的重点，则可以先回归产品、回归用户。也就是说，把产品最大的亮点找出来，把用户最关心的问题找出来。将二者结合在一起考虑，你就能搞清楚什么才是文案最应该表达的重点信息。

这个重点信息可以用一个关键词来概括。甚至可以说，你的整个广告文案其实都是围绕这个关键词来写的。

你在构思广告文案的时候，可以让这个关键词反复出现，或者是用各种信息来突出这个关键词。如此一来，目标用户观看广告时，你的关键词会不断地提醒他们接收你最想强调的信息，从而加深他们对产品最大卖点的记忆。比如，下面这则关于河南省南阳市宛禾米线的品牌广告，就有一个从头贯穿到尾的主题关键词——不断。

宛禾米线："不断"

宛禾米线在2023年发布了品牌升级短片。这部广告短片讲述了宛禾建厂初期，如何攻克麻酱米线断条的技术壁垒。工厂上下在这过程中的较劲与不服输，让这一碗不断的米线，成为千万在异国他乡的南阳人与家乡剪不断的联结。短片多数演员都是南阳当地素人，但他们演出了对于麻酱米线和土地的情感。短片多次提到"不断"这个关键词，比如，这一段文案：

小时候，

妈妈总说，

只要味儿不断，

家就跟着咱。

文案解读

麻酱米线是河南省南阳市的特色美食，宛禾米线在河南有众多的线下门店，也是电商平台速食品中的优秀品牌。但它在很长时间内还没有形成自己的品牌号召力。于是，该公司决定开启品牌升级，将自己打造成麻酱米线类食品的代表性品牌。

宛禾广告的宣传目标体现在三方面：一是让消费者认识到

宛禾是麻酱米线的开拓者；二是强化河南南阳的地域认知，与同类竞品形成鲜明的差异；三是提炼宛禾的品牌形象和文化价值。为此，宛禾提炼出了最核心的宣传关键词——不断。

短片以困扰宛禾公司的米线断条问题为出发点，讲述了宛禾建厂初期努力攻克米线工艺瓶颈的奋斗历程。广告的关键词"不断"，不仅指煮熟的米线不断，还包含了宛禾对品质的不断追求、南阳人对家乡的情谊斩不断等内容。

比如，"小时候，妈妈总说，只要味儿不断，家就跟着咱"。我们从中看到的是每一个南阳人与故土的联结。

而短片结尾的文案"不断的宛禾米线，是每个人对生活微小但又滚烫的追求"，将"不断"这个关键词升华到了新的层次，让用户对宛禾米线不断追求美好、美味生活的品牌文化印象深刻。

文案技巧

由上述案例可知，好广告通常都会包含一个特点鲜明的关键词。这个关键词是广告创意的题眼，是产品特色与品牌文化价值的深度概括，对所有的文案起着提纲挈领的作用。能否提炼出这样的关键词，在很大程度上决定了你构思的广告文案有没有重点、主题是否突出。

当然，对提炼关键词的运用不能太死板。你不必在每一句文案中重复出现相同的词语，那样容易让文案显得重复啰唆，不够简洁凝练，还单调乏味。你可以试试换个说法来形容同一件事，从多个角度传达这个关键词指代的信息。用灵活多变的词语来反复强调重要信息，比单纯的重复唠叨更生动、有趣。

文案练习 5

要求：iPhone SE 手机的 4K 视频的功能很强大，这意味着你看到的细节是 1080P 高清视频的 4 倍。而 iPhone SE 手机扩展的动态范围可呈现更出色的高光和阴影细节。现在需要你提炼关键词，写一个关于 4K 视频卖点的详情文案。文案尽量不超过 20 个字。

你想到的第一个广告文案创意是：

_____

_____

iPhone SE 关于 4K 视频性能的卖点详情文案是（答案见附录）：

_____

_____

_____

具体的数字能帮你说明一切

有些文案并不难写，在文案中加入具体的数字就行了。比如，百分之多少的人如何如何，百分之多少的事物有什么特征。这些数字都能让你的文案显得既专业又有说服力，而且加入具体的数字也不会影响你写出口语化的文案。

这是一个大数据主宰营销的时代。数据分析无处不在，与手机、电脑一起陪伴你走过工作、生活的每个角落。就连你上网购物，也会关注每家网店的好评率，对比每一款产品的销售量与回购率。

在人们的潜意识中，单纯的文字描述总是主观的、有倾向性的，而数字则是客观、公正的。尽管数据造假不是新鲜事，大数据按标签等关键词做的"精准推送"有时候错得离谱，但人们还是容易相信有具体数字的信息更加可信。特别是那些违反直觉但又客观真实的数据，往往能颠覆人们的传统认知。

在运用这种文案写作技巧时，数字提供得越具体、详细，用户对你的可靠性评价就会越高。如果你能给出一个权威的数据出处，那么就会让你的文案信用度等级更高。就算你没有权威的数据来源，也可以往文案里增加数字元素。只要这些数字符合大众的生活经验，同样能起到良好的效果。

2023 年成都世界大学生夏季运动会的广告宣传片就是一个利用数字出圈的好例子。

成都大运会倒计时宣传片

2023 年 7 月 28 日，第 31 届世界大学生夏季运动会在成都开幕。有关举办方发布了一部倒计时宣传片。这部短片以 3000 年前开始为倒计时，让用户见证了成都从古至今每一阶段的发展历史。从古蜀到战国，再到唐宋，以至如今，使观众体验了成都在不同时期的繁荣风华。这使得短片极具浓厚的文化底蕴与雄浑的史诗感，对该赛事的到来更加充满期待。以下是短片部分历史场景的文案：

古蜀：倒计时约 3000 年

一支古蜀先民自岷江迁至成都，约 3000 年前，建古蜀文明。

……………

新中国：倒计时 71 年

少城公园改为成都"人民公园"，成为普通成都市民休闲运动场所。

短片的结尾文案堪称画龙点睛——

成都，已经等你 3000 年。

文案解读

2023 年举办的成都世界大学生夏季运动会本来应该是在 2021 年进行的。由于新冠疫情的原因，该赛事才推迟到 2023 年。这足足 2 年的等待，让成都世界大学生夏季运动会成了一场具有特殊意义的盛事。

该广告文案用一串串数字，简明扼要地讲述了成都每一个有代表性的伟大历史瞬间。其中，"新中国：倒计时 71 年。少城公园改为成都'人民公园'，成为普通成都市民休闲运动场所"这句文案，将展示的重点由历史转为体育，呈现了这座古老城市与这场盛会的关联。

"成都倒计时 3000 年"这个创意，融合了大运会原本就有的倒计时装置，产生了一种跨越时空的厚重感。正是因为这些代表时间的数字，大众才把成都视为一位"等待"你到来的热情好客的"主人"。

总之，在"成都已经等你 3000 年"的主题加持下，广告短片很快成了一大热门话题，被央视新闻、新华网等全国数百家媒体平台转发，作为国家互联网信息办公室重大新闻内容传播，被全网置顶推荐。

文案技巧

由上述案例可知，数字用得好，广告文案的感染力将显著增强。

因为在这个大数据盛行的时代，人们的生活越来越离不开数据。无论是衣食住行，还是日常购物，人们都会以好评率等数据作为消费决策的依据。含有数字的广告文案，往往更容易取得消费者的信任。

为此，我们可以考虑在文案中加入数字元素。比如，加入产品的各项性能指标，可以体现产品的技术含量，让广告显得更具专业性。加入某些与目标用户相关的市场统计数据，有利于体现品牌在市场中的实力。

如果你手头没什么跟产品、品牌相关的有力数据，也可以转换一下思路，想办法用其他的数据来代替。比如，可以从产品针对的用户痛点入手，找一些关于这些痛点的研究数据（比如，具体表现为多少人受此困扰，多少人因此遇到了哪些不良后果）。在文案中加入这些数据，让用户意识到痛点的严重性，然后再推出解决方案，也能起到良好的效果。

文案练习 6

要求：vivo S9 手机与人民网打算联合推出一部主题宣传片，透过"vivo S9 前置双摄镜头"对焦 1990 年出生的"星空摄影师"、1998 年出生的"捕鱼水手"、1997 年出生的"萤火虫研究员"三个不同工种的夜间生活，歌颂这些正在追逐梦想与热爱的夜间工作的年轻人的故事。你要写一句广告文案，鼓励更多在夜间奋斗的年轻人自信地表达自我，注意带上数字元素（如时间）。

你想到的第一个广告文案创意是：

_____

_____

vivo S9 与人民网在 2021 年的广告宣传片主题文案是（答案见附录）：

_____

_____

_____

字越少，力越强

　　文案的字越少，宣传力越强吗？答案是肯定的。好广告既有长广告，也有极为精简的短广告。因为我们投放广告的场景多种多样。不是每个甲方都需要拍广告短片，或者在大屏幕上投放广告。比如，那些街边小店同样需要广告文案来带动营销，但没有那么多空间给你放长文案的广告。遇到这样的广告场景，就需要短小精悍的一句话文案来发挥效力。

　　销售文案一般免不了要包含很多文字、数据信息，句子一般会多一点。不过，品牌文案有时候也是能以短取胜的。短文案最大的优势就是好读、好记，能一眼看完，且马上记住。特别是那些朗朗上口像口号标语的短文案，很容易形成病毒式传播。

　　比如，当年被广告界嘲笑但传遍大街小巷的脑白金广告，就是凭借"今年过节不收礼，收礼只收脑白金"这句占据大众头脑的短文案让大众快速记住的。

　　由此可见，写文案时只要能提炼出想传播的重点，简短有力的文案就能更快地进入目标用户的内心，甚至令他们念念不忘。我们看新闻社论时有个经验,新闻标题的字越少,事越大,越让人不敢轻视。这也是一种短文案写作技巧。

下面案例中的广告文案虽然字数不多,但品牌宣传效果相当不错。

文案来了

公安奶茶店:"警茶"

2024年1月,有网友发现了一家正儿八经开在苏州公安局里的奶茶店叫"警茶"。原来这家店是该公安局的内部奶茶店,不光给警察提供奶茶,还制作了一系列关于"警茶"的周边产品。比如,印有"警茶在手,精神抖擞"宣传语的手提袋。

其实"警茶"不是苏州公安局的专利。2023年,杭州公安就曾经在"中国人民警察节"期间与奶茶品牌霸王茶姬合作,推出节日限定版"警茶"。杭州公安官方微博还发了一条推广微博:"今天的我,泡了'警茶'。"

文案解读

"警茶在手,精神抖擞"和"今天的我,泡了'警茶'"这两句话看似简单,其实内涵很深。如果没有"警茶"二字的加持,这些文案也不会火爆出圈。

大家平时印象中的警察是严肃、不苟言笑的,结果苏州公安局的内部奶茶店用心地包装了"警茶"这个奶茶品牌,透露出了"警察叔叔也爱喝奶茶"的信息。这个反差很容易激发大众传播信息、炒热话题的兴趣。

此外，"警茶"的出圈还有个更深的社会风俗背景。大家经常在警匪片里听到"到警局喝茶"的台词，其实是指警察要求某个"良好市民"到警局协助调查，这种说法淡化了事情的严重程度，充满了调侃意味。

所以，当苏州公安局真的推出了"警茶"时，这个意想不到的创意让大家感到很新奇。毫不夸张地说，"警茶"品牌及其文案、周边文创，为警察严肃的官方形象增添了亲民气质，也让相关工作人员拉近了与年轻大众的距离。这比传统的警察形象宣传效果强太多了。

文案技巧

由上述案例可知，只要创意到位，广告文案就可以做到"字越少，力越强"。当然，写这样的文案需要品牌本身自带深厚底蕴，让人们一看就能联想到文字没有直言的微言大义。如果产品品牌本身缺乏高知名度，或者不具备能引起大众兴趣的品牌故事，就不适合用太言简意赅的方式写广告文案。

如果条件成熟，你可以先根据产品品牌的文化背景，提炼出一个自带话题流量的关键词。在这个关键词的基础上，文案初稿可以先写长句，再反复压缩、锤炼成朗朗上口的短句。宣传文案足够朗朗上口，才能让人过目不忘、脱口而出。

文案练习 7

要求：天猫超市 10 周年的时候推出了一个短片《我们在超市里谈感情》。短片通过婆媳、夫妻、父女等之间的小故事，呈现了各种类型的家庭冲突，最后达成了相互理解。现在需要你为这个广告短片想一句简短、有力的核心文案，让用户意识到逛超市总能让生活变得兴味盎然，同时能让每个小故事的主题得到升华。字数尽量不要超过 10 个字。

你想到的第一个广告文案创意是：

_____

_____

天猫超市 10 周年短片《我们在超市里谈感情》的核心文案是（答案见附录）：

_____

_____

_____

长句有时候比短句更好用

达彼思广告公司前董事长罗瑟·瑞夫斯说过："广告的主旨在于付出最小的代价，而让尽可能多的观众接受你所要表达的信息。"但这不是绝对的。写文案用长句还是短句，得具体情况具体分析。并不是说文案越短越好，或者越长越好。有时候，文案创作者会刻意拉长句子，让想强调的信息变得更加显眼。

我们先来看一种特殊的文案——书名。一般的书名都比较短，比如，《三国演义》《我与地坛》《人间值得》《给孩子读诗》等不同题材的图书，其中书名最长的也不过5个字。不过，也有些书名起得比较长，比如当当网2024年3月新书热卖榜上的《每一步都精进：你绕不开的66个职业发展关键难题》《首先你要快乐，其次都是其次》《教育无痕：掌握家庭教育核心法则，与孩子共同成长》。

大家试着感受一下，假如把《每一步都精进：你绕不开的66个职业发展关键难题》的书名改成《职业发展难题指南》，是不是就平淡了许多？如果把《教育无痕：掌握家庭教育核心法则，与孩子共同成长》的书名副标题去掉，就叫《教育无痕》，你大概会以为它是一本教育理论读本，而想不到这是一本亲子教育指导书。

与短书名相比，这些长书名包含的信息量更大，也让读者能一下子明白该书对自己有什么价值。写广告文案也是同样的道理。同样是写一句话文案，当你觉得太短的句子不足以表达精准的意思时，就可以试试把这句话拉长一些。

文案来了

likeuu×单读：有一天，你遇见了小时候的自己……

likeuu 在 2 周年与单读联手，邀请动物学家王放、儿童教育家三川玲、服装品牌主理人宁远三位嘉宾一起创作了一个以"成为你自己"为主题的广告短片。贯穿全文的文案是："如果遇见小时候的自己，你会对 TA 说什么？"

而短片的开头文案以"我，到底是怎么成为你的呀？"做铺垫，由三个"小时候的自己"向成年后的嘉宾提出问题。三位嘉宾都与"小时候的自己"展开了一场关于成长的奇妙对话。接下来以第三位嘉宾宁远跟 12 岁的自己对话为例来呈现文案。

12 岁的宁远问："一个人怎样才能变成一个勇敢的人？"

42 岁的宁远答："不要害怕失败，不要怕他人的眼光，可以'一意孤行'，我喜欢这四个字。"

文案解读

　　likeuu 与单读联合创作的广告短片，探讨的是"成为你自己"这个经典话题。短片呈现三个"成为自己"的故事，但设置了一个奇妙的场景。三位主人公与小时候的自己跨时空相遇，开启了一场关于成长的对话。

　　比如，服装品牌主理人宁远小时候有些自卑，长大后一直按照父母的期待生活。她在 30 岁以前一直在做"别人期待的自己"。当宁远成为妈妈，思考自己希望孩子成为什么样的人时，她突然大悟——我希望女儿更自由、更独立，为什么自己不先成为那样的人呢？于是她重新捡起了小时候做衣服的爱好，成为一位服装品牌主理人。

　　所以，当 12 岁的她问成年后她怎样成为一个勇敢的人时，她胸有成竹地说："不要害怕失败，不要怕他人的眼光，可以'一意孤行'，我喜欢这四个字。"

　　这句话非常励志。它鼓励了人们勇敢地同世界产生联结，接纳部分标准，改写平庸标准，最终找到自己的标准。像这样"自己开导自己，自己帮助弱小的自己"的广告创意，让"自我成长"变得更具象化，成功地拨动了观众的心弦。

文案技巧

　　在上述案例中，宁远的文案核心观点就是鼓励人们"一意孤行"

一点。她在表述上把句子拉得长一点，更像是平易近人的日常聊天，而不太像直指产品卖点或品牌文化的广告语。这个做法减少了广告短片的营销色彩，但并没有削弱文案的语言力度。

因为，这个广告的主题需要营造这种有亲和力的沟通氛围。短小精悍、朗朗上口的语言容易显得太有冲击力，不够温柔细腻，不符合这类广告的要求。而较长的句式既能描述更多的信息，有利于抒发细腻的感情，又可以赋予语言一种平静而深沉的力量。你如果接到的广告任务也是这种类型，就可以考虑多用长句来写文案。

文案练习 8

要求：假设你是 likeuu×单读广告短片文案的编辑。短片中有一个儿童教育专家见到了小时候的自己，小时候的她向成年后的她提问怎样克服焦虑。现在需要你模仿这个儿童教育专家的口吻，写一句话告诉"小时候的她"怎样学会用平常心看待焦虑。可以使用比喻、对比之类的手法，句子可以长一些，但不要超过 60 个字。

你想到的第一个广告文案创意是：

_____

_____

_____

likeuu×单读广告关于克服焦虑的文案是（答案见附录）：

_____

_____

_____

没有比较，就没有"更好"

心理学经典图书《影响力》中说："人类认知原理里有一条对比原理。如果两件东西很不一样，我们往往会认为它们之间的差异比实际的更大。"

有比较才有鉴别，没有对比就没有优胜。产品的卖点五花八门，但归根结底无非就是两个字——更好。

这就是说，我们写的文案必须证明所宣传的品牌和产品在某些方面更好。这个"更好"的卖点，可能是产品有颠覆性的新功能，可能是性价比更为划算，也可以是更符合目标用户的综合需求。

不过，就算品牌或产品确实有优势，直接表达出来的效果未必很好。比如："我们的冰箱制冷功能更强，耗电更少，噪声更小……"假如你是目标用户，看到这样的产品文案有什么感觉？我会觉得这个文案是自吹自擂的大白话，不值得信任。

如果文案改为："我们的冰箱制冷功能超过××牌冰箱，耗电比×××牌冰箱更少，噪声比×××牌冰箱更小……"这样的写法不仅可读性很差，而且有贬损同行之嫌，大概率会被目标用户嘲笑"营销没有底线"。

运用对比的手法本身没错，但文案不要太平淡，也不要咄咄逼人。比如，去哪儿网的品牌广告在这方面做得就很好。

文案来了

去哪儿网：先比价，再出发

2023年十一黄金周，去哪儿网推出了一部名为《先比价，再出发》的"十一"营销短片。短片讲述了几个游客在"十一"出行时面临旅行费用的顾虑，再通过"梦与现实"的反转营造出具有喜剧效果的场景，最终将"先比价，再出发"的出行理念深植于用户的潜意识，引导他们使用去哪儿App。其主要文案有两句：

先比价，再出发！提前订享低价。

十一旅行，上去哪儿比比看，轻松省个百八十。

文案解读

"十一"旅行高峰，抖音、小红书、微博等平台都在拼尽全力抢用户，试图用密集的信息轰炸劝诱用户下单。去哪儿网抓住这个时机，用广告提醒用户无论在哪个平台看到想去的目的地，都别忘了先上"去哪儿"比比价格。

去哪儿网很了解年轻人的圈层和玩法，在摸清用户行为逻辑后，就设法将"低价"和"去哪儿网"之间的联结深深地烙印在用户的心里。所以，短片由暑期"旅行代言人"郭麒麟带你领略"比价的快乐"，向年轻白领群体诠释了"先比价，再出发"的核心概念。

短片通过一个个关于出行的趣味小场景，让"旅行上去哪儿比比看"的品牌形象不断强化。用户在看到"先比价，再出发！提前订享低价。十一旅行，上去哪儿比比看，轻松省个百八十"之后，就会有意识地对比不同平台的价格，选择最划算的出行平台再下单。这样，"比价的快乐天天有"的认知也被深埋在了用户的头脑中。

通过这个趣味广告，去哪儿网在"十一"黄金周营销中大放异彩，传播亮点频出，参与互动的跨领域品牌纷纷出圈。

文案技巧

上述案例中的广告把价值对比法运用到了一个很高的层次。价值对比法的关键在于改变目标用户的认知，让他们意识到我方产品比其他同类产品更有优势。通过对比来改变用户认知，激发其购买欲，这一般需要两个步骤。

第一步：描述竞品的不足，如在设计、功能、质量等方面的优缺点，带给消费者的好处少。（当然，批评竞品时不要无中生有，要有理有据。）

第二步：描述我方产品的优势，通过对比竞品来证明我方产品带给目标用户的价值更高。

除了对比产品价值外，广告文案还可以从情感共鸣、品牌格局等方面来与竞品对比，让目标用户明白我方的产品品牌更高端、大气、上档次且亲近大众。这样做利于增加目标用户的好感度。

文案练习 9

要求：iPhone SE 手机把 iPhone 11 Pro 手机的"芯"——A13 仿生芯片，放到了自己的"身体"里。该芯片是苹果公司曾推出的世界上最快的芯片之一。无论是打开 App、玩新款游戏，还是用增强现实来解锁工作和娱乐的新方式，都十分流畅。现在需要你写一个关于该芯片功能的卖点详情文案。可在文案中同苹果公司的 iPhone 11 Pro 手机进行对比，来表明该芯片功能的强大，文案尽量不超过 20 个字。

你想到的第一个广告文案创意是：

_____

_____

iPhone SE 关于芯片功能的卖点详情文案是（答案见附录）：

_____

_____

_____

正话反着说，更有震撼力

《道德经·第四十章》说："反者，道之动。"这句话很好地诠释了逆向思维的功能。

所谓"正话反说"，就是一种用逆向思维来表达自己想要传达的信息的智慧。正话直说就像顺水漂流一样，你几乎感觉不到任何力量。可当你逆水行舟时，你就会感受到强大的激流在跟你较劲，让你不得不重视它。正话反说的力量，好比是江河中的激流，更容易在人们的心中掀起波澜。

举个例子，你想鼓励大家努力成为优秀有主见的人，如果直接说"你要学会独立思考"，就会显得很平平无奇。如果用正话反说的方式，就可以表述为"不要用他人的脑子思考你的人生"。

你是否顿时有种被当头棒喝的感觉？这句文案不是从正面的角度来劝人独立思考的，而是从相反的方向出发，叫你别用他人的脑子思考，意思是不要让他人的观点左右你。当然，直接说"不要让他人的观点左右自己"，也算是一种正话反说，但不如"不要用他人的脑子思考你的人生"表达得形象、生动。

有时候，你想推广的产品在大众眼里太过常见，很难用文案打动他们。遇到这种情况，就不妨试试换一种有别于一般常识或是提出相反意见的表达，说不定能起到出奇制胜的效果。比如，饿了么外卖就在营销活动中使用过正话反说的策略。

饿了么的反话营销

2024年春节期间，原本是一个消费需求旺盛的营销节点。饿了么外卖却大胆走起了反向营销的路子。比如，在一块广告牌上，顶部文案是"祝你过年不用饿了么"，呼吁用户不用自己的App。中间文案是"又可以去超市手插大米了，嘿嘿嘿！"这样做显然是在鼓励更多人走到实体超市，体会超市购物的烟火气。最下方还有一句反转文案："但如果咱力气小买买买拎不动，饿了么、大润发、盒马（等商家）春节热情值班中！"

文案解读

《祝你过年不用饿了么》这组广告的亮点在于反向营销。饿了么是一个以外卖送餐为主打的品牌，却在文案中反向号召大家过年不用外卖送餐。这个违反商业常识的做法，吸引了大众去主动了解它到底想说什么。于是广告文案轻轻松松就抓住了目标用户的注意力。

然而，仔细阅读文案就会发现，饿了么的出发点不是真的让大家把饿了么 App 抛到脑后，而是希望大家在不忙碌的假期可以放下手机，放下即时的 App，和家人一起走进线下市场，感受真实的生活。

"又可以去超市手插大米了，嘿嘿嘿！"这句文案，就是鼓励大家去超市体验亲手接触大米的感觉。这是以外卖订餐解决三餐的用户久违的生活方式。文案之所以这样写，是为了顺应一个全民情绪变化的大趋势——开始更多关注和回归平凡的幸福。

饿了么在这个春节选择跟大家站在一起，共情广大消费者。很多网友和同行看到后，都对饿了么这个反向营销的创意给出了好评。

文案技巧

所谓正话反说，其实就是在搞反向营销。反向营销最大的魅力在于，用反常规、反套路、反标准化的手法打破人们对品牌的刻板印象，让目标用户产生重新认识品牌的好奇心。

需要注意的是，走反向营销路线的广告文案，对主流市场套路的"叛逆"只是表面的离经叛道，而非真正脱离或违背大众的心理诉求。恰恰相反，这类文案的内涵其实仍然跟目标用户的心理诉求一致。若非如此，就不可能引起普遍的情感共鸣，让目标用户乐于参与话题讨论和接受广告传播的信息。

因此，写反向营销广告文案时，应该做到准确地把握目标用户的情绪，充分了解其利益诉求，用正话反说的形式与目标用户进行真诚的沟通。此外，你宣传的产品质量要过硬，能创造出大众认可的社会价值。否则，反向营销就容易失败，招致大众的反感。

------------------------文案练习10------------------------

要求：2020年，网易严选团队来到青藏高原探寻西藏天然冰川水。为了推广这款产品，网易严选与当雄县人民政府在天然冰川水流经的地方做了三块广告牌。其中一块广告牌设在阿热湿地。目前的副文案是："网易严选天然冰川水，经过这20万亩的阿热湿地天然过滤。"你要写一句正话反说的主文案，与副文案相配合，提升广告语的整体冲击力。文案字数尽量控制在20个字左右。

你想到的第一个广告文案创意是：

_____

_____

_____

网易严选与当雄县人民政府联合设置的阿热湿地实际采用的文案是（答案见附录）：

_____

_____

_____

借助权威的光环效应

找权威人士背书，是广告的常见手法。因为光环效应确实有效。

光环效应是一种心理现象，又被称为"光圈效应""日晕效应""晕轮效应"，是由美国心理学家爱德华·桑戴克于20世纪20年代提出的。简单来说，光环效应是指人们仅凭一点信息就对他人形成以点概面或以偏概全的主观印象。

比如，当你得知对方是某方面的专家时，你就比较容易相信他说的话。因为每个人的精力都是有限的，不可能全知全能。为了节约搜集信息的成本，提高决策效率，多数人都会在自己不了解的领域以"专家意见"为准。

基于这个效应，在广告文案中，加入权威专家的研究或者权威机构的认证，就更容易获得目标用户的信任。

那么，为什么一部分借助权威人士做宣传的广告反响不佳呢？问题不在于光环效应本身，而在于"权威"丧失了自己的光环。

比如，有些权威人士品行不端，有些权威机构被曝光了弄虚作假的丑闻，丧失了信用度。有些权威的知识体系过时了，不适应新形势下大众的新需求，被掌握了新知识的权威取代。如果你写广告文案时没有及时更新认知，就会犯没有与时俱进的错误。

不过，只要排除了上述情况，你就可以利用权威的光环效应来增加文案的力度。下面的案例就是一个好例子。

B 站：不再努力成为另一个人

2023 年，B 站（哔哩哔哩弹幕网）拍摄了一部宣传短片《不再努力成为另一个人》。这部短片在开头提出了一个问题——"如果人生重来一次，你还愿意成为现在的自己吗？" B 站邀请了余秀华、姜思达、王菊 naomi、"这就是刘大鹅"四位不同年龄和职业的 UP 主（视频上传者），根据自己的人生经历来思考这个问题。四人的观念都是"不再努力成为另一个人"，但每个人的答案各有个性。

@余秀华：这是我笨拙的英雄主义。

@姜思达："成为自己"是人世间最小规模的战争。

@王菊 naomi：要对自己诚实，哪怕对人失望。

@这就是刘大鹅：鹅它想飞一回，它就是掉下来也值了。

短片结尾文案揭示了 B 站本次宣传的目标——

B 站网友共创诗集，

《不再努力成为另一个人》，

新的一年等你来读。

文案解读

　　B 站制作这部宣传短片，是为了推广诗集《不再努力成为另一个人：我在 B 站写诗》。

　　这本诗集由中信出版集团出版、湖岸工作室出品，收录了132 首诗歌，由 B 站的 124 位用户共同创作而成。诗歌内容主要是描写当代年轻人的学业、工作、恋爱、亲情等，以短诗居多。这本诗集表达了一代年轻人踏入社会后探索自我的过程，主题正是"不再努力成为另一个人"。

　　短片中出镜的余秀华为这本诗集写了序言。她和姜思达、王菊、这就是刘大鹅共同出演了 B 站诗集宣传短片《不再努力成为另一个人》。四人都是在网友中有一定影响力的"名人"，从某种意义上说他们都算某种"权威"。

　　短片开头的问题："如果人生重来一次，你还愿意成为现在的自己吗？"对应了诗集《不再努力成为另一个人：我在 B 站写诗》的主题。四位网络名人分别从不同角度讲述了自己如何面对社会压力，以及如何在他人的凝视下寻找自我。

　　这些网红"权威"的经历令人感慨，回答问题个性鲜明，鼓励大家凭借自己的力量成为更好的自己。这使得短片和诗集在 B 站网友中引起了很大的反响。

文案技巧

　　借助权威的光环效应，是一个增强广告文案力度的好办法。但也需要遵循一定的规律。比如，有些"权威奖项"在某圈内大名鼎鼎，而在圈外鲜为人知，就很难靠"权威"的影响力说服目标用户接受。为了避免这种情况的出现，你在构思文案时要注意三点。

首先，你要慎重地选择"权威"。

这里的"权威"包括权威奖项、权威认证、权威合作单位、权威企业大客户、明星顾客、团队权威专家，甚至人气"网红"也算是社交平台上的一种草根权威。你要选的"权威"应该跟产品品牌的调性相符，是目标用户群体所熟知的，而且近期他没有产生负面新闻。

其次，你要先让大众明白"权威"的地位够高。

无论你借用的是哪一种权威的力量，你都要在广告文案中展示它是专业的、高级别的、具有影响力的。"权威"在其所属领域中的地位越举足轻重，越能获得目标用户的认可。如果"权威"的地位不够高，那么广告的说服力、文案的感染力，都会大打折扣。

最后，你要描述出"权威"的不凡之处。

无论是哪一种"权威"，其最主要的特点就是超出平凡。即便权威在某些方面跟大多数普通人是相通的，也必然在某些方面出类拔萃，做到了一般人所不能及的高标准。这些不凡之处恰恰是权威地位的根本来源，也是其形成大众公信力的本钱。你在文案中把这一点描述得越清楚，权威的光环效应越强，也越容易获得目标用户的认可。

那么，万一找不到"权威"来直接推荐你的品牌怎么办？遇到这种情况时，你可以把文案的重点放在描述哪些"权威"认同你的产品理念，或者你的品牌文化跟哪些"权威"的特点不谋而合。这样也能间接地借到权威的力量。

—文案练习 11—

要求：Barilla 意大利面邀请网球大师费德勒出演了一部广告片。因为费德勒在网球运动上精益求精，煮意大利面也选择 Barilla 品牌。第一版广告语是"Barilla 意大利面，就是追求完美"，后半句还可以，但前半句被老板否决了。你需要修改前半句文案，既突出费德勒的权威性，又顺便强调 Barilla 品牌具有完美的品质。

你想到的第一个广告文案创意是：

_____

_____

_____

Barilla 意大利面邀请网球大师费德勒出演的广告短片实际文案是（答案见附录）：

_____

_____

_____

第三章

读懂大众情感，
用诚意创作走心金句

精准锁定文案的服务对象

不同的品牌对应的目标用户群体都是不同的。即使是同一个品牌下的不同产品，服务的对象也不尽相同。我们可以从以下 5 个维度来锁定文案的服务对象，充分了解他们的特点。这样一来，你写的广告文案就能做到有的放矢。

1. 人群标签

人群标签就是目标用户群体的基本特征，包括性别、年龄、职业、籍贯、教育水平、收入水平、家庭状况等。这些因素决定了目标用户的消费水平。

2. 消费喜好

目标用户群体的消费喜好是指他们平时喜欢为哪些事情花钱，通过什么途径消费，持什么消费观念，有什么消费习惯。这些因素决定了广告文案说什么，才更容易引发目标用户的关注。

3. 未被满足的需求

目标用户群体在工作、学习、生活中还有哪些尚未解决的痛点，以及我方产品或品牌能否帮助他们解决这些痛点。这些因素将会成为我们在广告文案中重点强调的卖点。

4. 是否使用过该产品

用过产品的人和没买过产品的人，痛点可能是不一样的。我们在广告文案中要根据服务对象的差异，使用不同的宣传策略。对于从未用过该产品的人，文案的重点是告诉他们这款产品的特点是什么，能解决什么问题，为什么值得买。对于用过该产品的人，文案的重点就是告诉他们这款产品凭什么比同类产品更值得选择。

5. 对本品牌的认知

你在分析目标用户群体时，别忘了调查他们对我方品牌的认知水平。他们对本品牌的认知，决定了你要写的是品牌文案还是销售文案。对于那些不了解品牌的人，你应该优先使用品牌文案来解释说明，让他们对我方品牌产生信任感。对于熟悉我方品牌的人，你则可以使用品牌文案与销售文案，只是前者的侧重点是输出品牌文化价值观，后者的侧重点是促销活动优惠。

通过上述 5 个维度的分析，文案应该"对谁说"就不再是问题。

央视新闻 × 网易云音乐：回家的礼物

2024 年春运期间，网易云音乐和央视新闻联合策划了一期高铁车窗文案"回家的礼物"，主题文案是："春节，是成年人的儿童节。"网易云音乐围绕这个主题，分享出了一些应景的音乐评论区文案。比如：

回家，

从我打拼的战场，

回到妈妈常去的菜场。

（摘自网易云音乐《故乡山川》歌曲评论区）

回家的那趟车，

上车前是城市的大人，

下车后是妈妈的小孩。

（摘自网易云音乐《一荤一素》歌曲评论区）

越长大越想回家，

春节才是成年人的儿童节。

（摘自网易云音乐《我很好》歌曲评论区）

文案解读

网易云音乐这组由乐评组成的文案，把高铁车窗这个场景变成了沿途风景的一部分。想出这个创意的人非常了解文案的服务对象——返乡人员的生活习惯和心理活动。

每个搭乘高铁返乡的人，都有透过车窗看沿途风景的时候。车窗上的乐评文案绝对能被看见，而且在这个特殊的时间点上能最大限度地触动返乡人员的情感。

这些乐评文案的内容五花八门，非常生活化。我们细看就会发现，每个文案其实都拥有共同的主题——每个在外打拼的游子，此刻已经变成了一个一路向家的"孩子"。而这恰恰是文案服务对象未被满足的需求。

"回家的那趟车，上车前是城市的大人，下车后是妈妈的小孩"这句文案，伴随着列车的开动，让乘客在心中开始自动切换成"妈妈的小孩"的身份，回家找归属感的情绪也随之更加浓烈。

高铁最终到达的目的地是每位乘客心中的家乡。印有乐评的车窗不仅成为沿途风景的一部分，还成为广大服务对象心中一个连接工作地点与家乡的媒介。这些文案契合了游子回家的心境，放大了他们未泯的童心，让"春节是成年人的儿童节"这个宣传主题得到了极好的传播。

文案技巧

只要你认真研究目标用户的人群标签、消费喜好、未被满足的需求，以及是否使用过该产品、对本品牌的认知等情况，就能写出诚意满满的走心文案。

具体来说，研究目标用户的人群标签与消费喜好，是为了摸清目标用户群体的基本属性，从而找到与之沟通的办法。而研究他们未被满足的需求，以及是否使用过该产品、对本品牌的认知等情况，是为了帮助你找到品牌与目标用户之间的联结，找到既能传播品牌又能打动用户的表达方式。如果你写的是新产品文案，那么你可以通过市场需求分析来寻找服务对象的痛点；写老产品文案时则更多的是从现有用户的感受出发。

最后，你还可以向自己选定的目标用户提出一个问题——你对我们广告的印象如何？这个问题可以帮助你更好地与服务对象沟通，了解他们的真实想法，找到更加令其满意的文案创作思路。

文案练习 12

要求：方太洗碗机打算出一个广告片，服务对象是那些操持家务的"妈妈"。使用洗碗机的好处是帮助用户每天省出一个小时做家务的时间。而方太还希望广告文案能传递品牌的人文关怀，鼓励"妈妈"们都能有时间追寻自己的梦想。现在需要你来想一句文案，站在"妈妈"们的角度展示有没有洗碗机帮忙做家务的区别，表达让"妈妈"们不被厨房限制梦想的价值观，从而让产品更有说服力。文案控制在 15 个字左右为宜。

你想到的第一个广告文案创意是：

_____

_____

_____

方太洗碗机广告实际采用的文案是（答案见附录）：

_____

_____

_____

站在"你"的角度说感同身受的话

互联网社会每天的信息多到爆炸，人们通常会自动忽略与自己无关的信息。同样的道理，你写文案时只顾着说明品牌有多出色，没有把品牌跟用户之间的关系介绍清楚，就别怪目标用户直接忽略你的广告文案。

用户的关注点跟文案创造的关注点天然有很大区别。目标用户其实压根就不关心我们的产品，也不关心我们的口号，只关心我们能给他们带来什么好处。这些"好处"应该直接在文案中展示出来，而不要含蓄到让目标用户认真思考之后才能得到答案。

无效的文案总是让目标用户一头雾水，理解困难。好的文案则能帮用户节省脑力，降低理解的难度。

因此，我们在撰写文案时，重点中的重点就是让目标用户认为文案提到的一切都与自己有关。换言之，我们要站在"你"（即用户）的角度说感同身受的话。当文案传达的情感跟"你"的感受达到了同频状态时，就是所谓的"共情"。

文案来了

麦咖啡语录

2024年2月，上海静安寺久光百货前搭建了一个写着"「麦」个关子"的围挡，围挡撤下后露出了一个巨型咖啡杯装置。原来是麦当劳快闪店登陆静安寺商圈，把麦咖啡小黄车开到了静安寺门口，现场售卖现磨咖啡，还准备了一些周边产品。最吸引人的还是那些印在店内墙上和直通二楼台阶上的激励打工人的语录：

一杯麦咖啡，早八不崩溃。

清晨一口麦咖啡，打工人需要的人间清醒。

咖啡可以苦一点，打工苦不了一点点。

当我举起早八的咖啡敬自己，就完成了今日份打工的启动仪式。

文案解读

现代生活节奏快，职场人士压力大，经常会在上班前用咖啡早餐开启一天的工作。麦当劳推出的全新15元现磨咖啡早餐组合，就是针对打工人的高性价比品牌套餐。而麦咖啡这一组激励打工人的语录，准确地触及了广大打工人的感受，让他们一下子就明白了"15元现磨咖啡早餐组合"对自己的好处。

比如，"一杯麦咖啡，早八不崩溃"这句文案，迎合了打工人普遍厌烦"早八"（指早上八点）的崩溃情绪，顺势点明了麦咖啡的价值在于让人"不崩溃"。

"清晨一口麦咖啡，打工人需要的人间清醒"这句文案，玩了网络热梗"人间清醒"。打工人常常是身心倦怠的，因此常通过喝咖啡来提神。麦咖啡文案把"保持头脑清醒"的产品功效上升为保持"人间清醒"，为目标用户提供的情绪价值一下子翻了几倍。怎能不讨用户喜欢？

"咖啡可以苦一点，打工苦不了一点点"这句文案，更反映了广大打工人讨厌辛苦、追求幸福的美好愿望。这句话仿佛是一位贴心的朋友在跟你一起发牢骚。

"当我举起早八的咖啡敬自己，就完成了今日份打工的启动仪式"这句文案，侧重于强调打工人喝咖啡的仪式感。而"仪式感"也是打工人比较在意的点之一。有时候，帮用户完成小小的仪式感，就能让他们的情绪得到较大的满足。

文案技巧

由上述案例可知，在文案中说让"你"感同身受的话，就是打动"你"的最佳方式。无论我们写的是品牌文案还是销售文案，只要让人觉得"与我有关"，就成功了一大半。那么，该如何在文案中做到这点呢？有两个办法可供参考。

一是把产品卖点与用户收益组合在一起说。

讲产品卖点是为了让用户了解产品，讲用户收益则是为了打动他们的心灵。最简单的句式就是"产品卖点 + 用户收益"的句式。前半句写产品卖点，具体可以参考后面章节中的多种技巧来写，在此暂不赘述。后半句写用户收益的重点在于说清楚产品卖点能给用户带来的具体好处。比如，"一杯麦咖啡，早八不崩溃"的后半句是从情绪价值的角度谈用户收益的，"清晨一口麦咖啡，打工人需要的人间清醒"的后半句是从提神功效的角度谈用户收益的。

二是运用前面提到的"人群标签"。

生活中的"人"是复杂、多面的，但市场中的"人"是可以标签化的。一个群体虽然细究起来个个都有不同之处，但他们在消费喜好和行为习惯上有着共同的标签。标签能帮我们快速、高效地接收信息，帮电商平台迅速地筛选服务对象。麦咖啡的文案实际上就是用了"打工人"这个标签，然后根据标签的特点来写文案的。

我们写文案时可以从"身份标签"和"行为标签"两个角度来切入，一切都是为了让"你"（用户）对号入座。

比如，"清晨一口麦咖啡，打工人需要的人间清醒"这句文案，用的就是"打工人"的身份标签，强化了目标用户群体的共同体意识。

文案练习13

要求：2023 年，小红书推出了一组以"一起破风去"为主题的海报，讲述了骑行人在骑行过程中发生的趣事。海报中有一个场景是，一群青春靓丽的女骑行人停下来休息，在一起有说有笑。现在需要你为这个场景写一句文案，要符合"一起破风去"的主题，同时传达出骑行青年们的友谊与自豪感。字数控制在 20 个字以内。

你想到的第一个广告文案创意是：

_____

_____

_____

小红书"一起破风去"相关海报实际采用的文案是（答案见附录）：

_____

_____

_____

指出痛点："哪壶不开提哪壶"

此处的"哪壶不开提哪壶"，不是指揭开目标用户的心灵创伤，而是从关爱的角度来理解他们的痛点。

痛点跟心灵创伤不是一回事。心灵创伤是人们不想触碰的痛苦，而痛点是人们渴望解决却还没能解决的烦恼。换言之，痛点是用户心中的一根"刺"。那些自以为善解人意反而踩中用户雷区的文案，都是因为没有真正地理解目标用户的烦恼。而文案创作者的使命就是把用户心中那根"刺"拔了。

走心文案之所以"走心"，其实就是因为它把用户最在意的痛点挑明了，再告诉他们怎样轻而易举地解决这个困扰。我们可以把这个思路简化为一个框架：痛点场景描述 + 解决方案。

值得提醒的是，文案对痛点场景的描述，一定要还原到目标用户的日常生活场景中。痛点越具体越好，最好能让他们一看到就心头一凛。

同时，你不能为了描述痛点而描述痛点，用户的痛点跟产品的特点是高度吻合的，描述痛点的最终目的是让用户信服产品确实有卖点。

文案最后提出的解决方案，就是痛点与卖点的结合点。所以，你在写文案前应该先熟悉产品的特点，再去观察用户的痛点是否因为缺少了这个特点才造成的。如此一来，你就能找到写此类文案的思路了。

文案来了

宜家：玩偶表情包，演绎打工人状态

宜家（IKEA）是写广告文案的高手，号称能一边卖萌一边卖货。比如，宜家曾经在社交媒体发布过一组反映上班族情绪的海报。在这组海报中，宜家的小熊、鲨鱼、猩猩三个玩偶被摆出了各种不同的表情和动作，演活了上班族平时在生活中无处安放的小情绪。每一张海报上都配了直击上班族痛点的一句话文案：

不用补班，开心到翘 jiojio。

（小熊玩偶海报）

被社会重重打击，硬撑罢了。

（小熊玩偶海报）

正在上班，又惨又好笑。

（鲨鱼玩偶海报）

送上我尴尬又不失礼貌的微笑，战术性抿嘴。

（猩猩玩偶海报）

快来 IKEA 集点带他们回家，愿每一个可爱的你和玩偶一样都有温暖的港湾~

（玩偶同框海报）

文案解读

对于上班族来说，宜家这组海报文案相当"扎心"。比如，不用补班的小熊玩偶被摆出微笑表情，"开心到翘 jiojio"。但是，它随后又感慨道："被社会重重打击，硬撑罢了。"一语道破这份开心是强颜欢笑。

而正在上班的鲨鱼玩偶压力很大，觉得上班这件事"又惨又好笑"。倒霉的猩猩玩偶被主管骂了个狗血淋头，只能"送上我尴尬又不失礼貌的微笑，战术性抿嘴"。

全部都是实打实的日常上班中的痛点场景。许多目标用户看完之后，都觉得文案太共情了。宜家仿佛在办公室里安装了监视器，把大家工作时的种种小情绪拿捏得太精准了。

经过前面一张海报一句扎心文案的铺垫，目标用户的痛点不断增加，越发感同身受三只玩偶的不利处境，解决烦恼的渴望也越来越强烈。最后的海报文案顺势抛出了解决方案——"快来 IKEA 集点带他们回家，愿每一个可爱的你和玩偶一样都有温暖的港湾。"这样就成功激活了目标用户对玩偶的怜爱之心，将文案的感染力发挥到了极致。

文案技巧

由上述案例可知，能指出痛点的文案写作难在：通过描述痛点场景来体现品牌的专业度。宜家的动物玩偶原本是为目标用户带来快乐的玩具，但是目标用户从广告中看到的是三只玩偶"苦兮兮"的命运，由此产生了强烈的共情。在不知不觉中，购买玩具这个行为的性质，变成了目标用户给玩偶一个家。如此一来，目标用户与玩偶的情感联系就更加紧密了。

我们回过头来看这一组文案，里面暗藏了一个可以借鉴的写作技巧。

首先是描述痛点场景，即讲述小熊、鲨鱼、猩猩在职场中的烦恼。与此同时，文案提示了这些痛点产生的原因——因为玩偶们没有"家"，上班时遇到的"社会打击"无处排解。最后一句没有直接展示产品卖点，而是用祝福的口吻给出了一个功效承诺（卖点）——"愿每一个可爱的你和玩偶一样都有温暖的港湾。"

"可爱的你"这个称谓，为用户提供了充足的情绪价值。"温暖的港湾"表面上是说"缺少关爱的"玩偶在用户家能过得温暖，其实是承诺用户获得玩偶后可以让家里的氛围更快乐、温暖。这就是产品的最大卖点。

总的来说，就是首先描述痛点场景，其次是揭示痛点产生的原因，最后给出功效承诺（卖点），这个文案框架很实用，但要注意痛点的成因要有说服力，痛点与承诺（卖点）之间要能首尾呼应。否则文案就变成了一味地倾诉痛点，而起不到应有的销售作用。

文案练习 14

要求：假设你是创意青年文化品牌"but lab"的文案编辑。公司策划了一个新 IP 叫"苦命甜心"，要求团队小伙伴抓住打工人的痛点，创作一组以此为主题的海报文案。你接到的任务是围绕打工人普遍睡眠质量不佳的痛点，写一个跟"苦命甜心"关键词相关的扎心文案。

你想到的第一个广告文案创意是：

_____

_____

_____

"but lab"团队"苦命甜心"海报实际采用的文案是（答案见附录）：

_____

_____

_____

用好友对话的形式来写文案

如果你只是在文案中对目标用户说"快来买我的产品"，那么请相信我，肯定没人会买你的产品。

所有的经典广告都是以对人性的洞察为基础的。那些文案创作大师非常清楚该怎样改变人们的认知，怎样引导人们的购买行为。他们总是把自己放在目标用户的角度来看待广告提供的服务，从而确保目标用户看到广告就自愿下单。

为此，我们在构思广告文案时，脑海中一定要记住一句话："我是用户的朋友！我要像朋友一样跟他们交流。"

试想一下，一名销售人员向你推荐某款产品时，你多多少少是有戒备心理的。但如果是你的朋友向你推荐这款产品，而且没有用一听就充满诱导色彩的销售话术，你就比较乐于接受了。因为你相信朋友是不会骗你的。这也是优秀的销售人员总是先跟客户交朋友，等彼此熟悉了同客户再谈生意的主要原因。

作为文案创作者，你不可能像销售人员那样天天跑客户，但你可以采用好友对话式的语气来写文案。这种文案写作思路可以帮你塑造一个乐于助人、态度友善、散发温暖的良好形象。想要做到这一点，你就必须避免使用一切带有偏见和恶意的词汇。当文案写出来时，你可以自己先读一下看看，是不是像读到下面案例中的文案那样感到温馨。

文案来了

抖音 2024 年货节文案接龙

在抖音 2024 年货节期间，抖音商城超品日"100+"个超级品牌共同创作了一组年味文案接龙。每句文案都构成了广告画面中的一个设计元素，并结合不同的产品来营造过年的气氛。下面是其中的部分文案：

思念是金，年味在 365 天的酿造里变得浓烈。

给妈妈一个金镯子，让她过年更爱给人夹菜。

睡前仪式感：和妈妈一起敷面膜说说家长里短。

文案解读

把这一组抖音 2024 年货节文案连起来看，就是一条人们春节回家的心路历程。它最可贵的地方就是从看似平常的场景中捕捉用户的细微情绪，再通过具体的产品物件引出了大家的年味记忆。所有的文案都是用老朋友的口吻来写的。

比如，"思念是金，年味在 365 天的酿造里变得浓烈"的酒水广告，仿佛一位喜爱喝酒的老朋友在家乡约你回来痛饮。

文案以酿酒来比喻年味随着时间越变越浓烈，将用户的思念之情融入了浓浓的酒香中。

"给妈妈一个金镯子，让她过年更爱给人夹菜"这句文案，抓住了吃团圆饭时妈妈帮你夹菜的场景。这个温馨的场景对返乡人群极具感染力。"给妈妈一个金镯子"的建议是一句明显的推销语，但"让她过年更爱给人夹菜"这句话像是朋友开的玩笑，避免了营销的生硬。用户看了后会把这句文案当成朋友的善意提醒，想到买礼物孝敬母亲的重要性。

"睡前仪式感：和妈妈一起敷面膜说说家长里短"这句面膜广告也有异曲同工之妙。敷面膜和讨论家长里短是女性用户的两大共同爱好。这则文案像密友一样建议用户跟妈妈一起做这两件事，很自然地把产品的实用性融入有趣的生活场景中。

每个人对春节的年味记忆都是独特的。过年的意义在于借一个热闹、温馨的辞旧迎新仪式，换一个好心情和一个崭新的面貌重新出发。那些以好友对话的形式来写的文案，能以最接地气的方式触动目标用户内心的柔软处，所以能让广告产生很强的共情力。共情力就是感染力，感染力就是传播力。

文案技巧

用好友对话的形式来构思文案，首先要学会站在朋友的角度看待目标用户面临的问题。你在写文案时，可以暂且忘了自己是个带着任务的打工人，就当自己是在向朋友"安利"自己用得舒服的好物。

大家可以回想一下，你下班之后跟朋友相处时，是怎样跟朋友交流的？你跟朋友说话的时候，是否经常对他／她说"你"？他／她跟你说的话中，你印象最深的是否跟"你"有关的内容？

我们在说话时一听到对方说"你"，就会明白此事跟自己有关，注意力也被吸引过去了。同样的道理，在文案中加入一个"你"字，用户自然会觉得我们想表达的内容确实跟其相关，这样广告就更有亲和力。

然后，无论你接下来要写什么卖点，都要把所有书面语改为口头语。比如，某品牌剃须刀的文案："一抹一刮，父爱不再扎。""一抹一刮"凝练地概括了男人刮胡子的步骤，"父爱不再扎"暗示胡子刮得干净，能解决父亲与儿女亲密接触时胡子扎人的困扰。朗朗上口的语言，可以轻而易举地打消人心的隔阂。

最后，你还可以试试在文案结尾处加入惊叹词。比如，"在逃公主这次真的回家啦"。"这次真的回家啦"这句加上了感叹词"啦"，给人的感觉就像是看到一位朋友庆贺下班的欢呼，激动和喜悦之情尽情释放，几乎没有广告的痕迹。

总之，我们只有先做事尽心，写的文案才能走心。

文案练习 15

要求：2023 年，奈雪的茶发布了毕业季短片《毕业不惑》。短片通过 5 个场景讲述不同时间毕业的几位职场新人遇到的一些问题，自己的努力被否定，被别人的"建议"打压。品牌方认为现在的年轻人"不缺建议，缺松口气"，希望通过短片鼓励即将毕业的同学在人生的岔路口摆脱迷茫与紧张。为了不让这些"建议"有太多说教意味，你要写一句像同龄朋友语气的文案，让同学们能放下包袱，轻松上阵，勇往直前。

　　你想到的第一个广告文案创意是：

_____

_____

_____

　　奈雪的茶《毕业不惑》短片实际采用的文案是（答案见附录）：

_____

_____

_____

替大家说出隐藏在心底的大实话

"走心"二字，既引人向往又难以捉摸其确切形态，想必各位文案创作者都经历过，并且没少为此抓狂。

因为"走心"这个词太抽象，往往只能意会而难以言传。当你自己看到"走心"的东西时，你就会瞬间清楚那种感觉有多美妙。但甲方眼中的"走心"具体指什么，他说不明白，你也云里雾里的，因此修改文案时都不知道该从哪里入手。

说到底，人的情感是丰富的，情绪是复杂的，想要准确地描述自己的内心感受并不容易。甲方说不明白自己心中朦朦胧胧的想法，只好用"走心"之类的主观表达来否决你的方案。

这时候，你只要读懂甲方那个表达不出来的内心想法，他就会说"对对对，我就是想说这个"，这样文案就能通过了。

综观那些脍炙人口的"走心"文案，通常都有一个共同特征——替大家说出隐藏在心底的大实话。

大实话就是大家的真实想法和感受。但是，人们在生活中总是会隐藏自己，避免受到伤害，所以很多大实话在平时是难以启齿的。难以启齿不代表心里话不存在，更不代表永远不想说。大家需要有人点破这一点，让压抑的情感找到充分释放的出口。

这便是"走心"文案能引发广泛共鸣的奥秘，也是情感营销成功的不二法门。

如果你的文案能一针见血地说出"大家都想说，却没说出口"的意见，就会让目标用户都产生醍醐灌顶的效果，在一瞬间抓住他们的心，起到令人惊叹的宣传效果。

这件事看似简单，却需要相当高超的技巧。我们来看看民生银行信用卡是怎样写这种情感营销文案的。

文案来了

民生信用卡祝你：祥龙昂首，万象启新

2024年初，民生银行推出了龙年春节主题的信用卡广告短片。短片从一女一男两位不同地区的青年的视角，讲述了一场充满小时候回忆的回家之旅。这则短片跳出了以往春节广告以回家团圆为主题的思维框架，把重点放在了探寻年轻人心中的那个精神家园上。短片的开头选择了一句直抒胸臆的文案：

我想回家，就像当初想离开那样。

文案解读

2024年1月26日至3月5日为国内的春运，共计40天。

截至 2024 年 2 月 27 日（春运第 33 天），全社会跨区域人员流动量已经达到 72.04 亿人次。在这惊人的数字背后，是广大青年外出打拼，只在过年时才返乡的候鸟式生活。

尽管春节的主旋律是回家，但实际上，并不是每个人都有家可归，也不是每个人都想再次回到那个自己当初选择离开的家。单纯以回家团圆的喜悦心情来写文案，只是处在第一层。而民生信用卡这个短片，用"我想回家，就像当初想离开那样"点出了这种难以言说的复杂的感情纠葛。

"我想回家，就像当初想离开那样"这句开场白，替广大返乡青年说出了难以启齿的心底话。文案中的"回家"有两层含义，一层是一个人在物理意义上回到老家，另一层是一个人在心灵上找到了精神归宿（吾乡）。

这不仅让思乡心切的人感同身受，也让那些不再选择和不想回家的人想起自己过去与"家"的种种纠葛。短片传递的是"此心安处是吾乡"的朴素哲理，唤醒了返乡青年对"吾乡"的审视，不愧是为人所称道的"走心"的文案。

文案技巧

每个经验丰富的文案高手都具备很强的共情能力。他们不仅能读懂甲方没讲清楚的要求，还能进一步捕捉目标用户的心声。只有吃透了人情世故，读懂了众生的苦乐冷暖，才能找到大家平时藏在心底说不出口的大实话，从而输出一些有洞察力的内容。要想养成这份敏锐的洞察力，离不开平时的积累。

以民生信用卡的文案创作团队为例，他们把"服务大众，情系民生"当成品牌使命，一直坚持在文案中做情感沟通，观察每一年的社会气象，然后用有针对性的文案来回应人们当时的心声。

每一年的社会民生发展是不一样的，返乡人群的生活状态与心态也会随之发生变化。在 2023 年，青年群体出现了一股返乡创业潮。民生银行注意到这点，并察觉无数青年在"内卷"的社会关系中，常常处于一种精神无处安放的困惑中。

他们背井离乡追逐梦想，却又很难从情感根源上切断自己与家乡的关联，怀念小时候在故园的生活。可当他们真的回去看看时，又会觉得物是人非，心中五味杂陈。既然意识到了这些"心底话"，写出兼顾社会议题与人文关怀的文案，也就不足为奇了。

大众的内心需求比你想象的更细腻，且一直在随着社会发展不断变化。我们可以学习民生信用卡文案创作的做法，时刻关注社会民生，关心各种普通人（主要是目标用户人群）的生活状态与精神状态。

正所谓，真诚才能打动人心！当真正理解了人们的心声时，你自然就能写出走心文案了。

文案练习 16

要求：请根据民生信用卡龙年春节广告传递的价值观，写出一句"走心"的结尾文案，表达出祝福大家"无论你是在他乡，还是在故乡，都能找到心底的吾乡"的意思，与短片的开场白相互呼应。

你想到的第一个广告文案创意是：

_____

_____

_____

民生信用卡春节广告实际的结尾文案是（答案见附录）：

_____

_____

_____

点燃读者的斗志，以文字传递希望

　　每个人都有自己的梦想，只是大多数时候不能尽如人意。广告文案若是能点燃目标用户的斗志，赋予他们追逐梦想的动力，往往就能起到良好的宣传效果。

　　但是，这一点并不容易做到。当代人喝了太多"心灵鸡汤"，似乎变得倦怠了。所以，很多人对常见的励志手法感到厌烦，不想再看到华而不实的"正能量"口号。平庸的文案恰恰在这一点上让目标用户感到难以共鸣。

　　不过，励志是永恒的广告主题，这点不会因为大众的口味变化而改变。因为目标用户看广告买东西是想让生活变得更好，而不是让自己的人生更糟糕。他们拒绝相信"心灵鸡汤"之类的励志软文，只是因为自己失败太多，而非对实现梦想毫无渴望。

　　强行励志、煽情固然行不通，但你可以告诉目标用户，你推荐的品牌或产品可以成为他们实现梦想的助力。

　　最简单的励志文案有"要不要××呢？""一起××吧！"等

形式。但这些内容被用得太频繁了，而且效果很一般。你可以试试向目标用户提出他们之前没想过的事情，而这些事情可以让用户的生活变得更丰富、更多彩有滋味。比如，下面这个广告。

添可："了不起的小白"

　　添可倡导"生活白科技，居家小确幸"的理念，致力于以智能科技为用户创造梦想生活。添可在成立5周年纪念期间，拍了一部广告短片《了不起的小白》。短片通过好几个场景指出每个人开始都是一个什么都不会的"小白"，但"小白"好学、好问、好探究，最终会制造一个又一个生活中的惊喜。其代表性的文案如下：

　　嘴巴的馋战胜了手的懒。

　　对小白来说，在好奇心面前，什么事都是小菜一碟。

　　（食万智能料理机）

　　口感对了，心情就好了。

　　对小白来说，哪怕只是一杯水，也要喝得很有感觉。

　　（饮万智能净热一体机）

文案解读

　　"小白"是一个大众熟知的标签。它代表着什么都不懂，什么都不会，能力差，不起眼。但是，添可独具一格，提出了"了不起的小白"的口号，在广告中宣扬一种"小白精神"。

添可定义的"小白精神"是好学、好问、好探究的。"小白"们并不只是什么都不会的弱者。他们有用不完的好奇心，有不断探索未知领域的闯劲，能凭借自己的努力打开一个个惊喜的生活副本。

这些文案表明，"小白精神"无关年龄和身份，所有热爱生活、追寻理想的"小白"都是好样的。真正的了不起，是把生活过成你想要的样子。广告短片洞察了用户的普遍情绪，呼吁大家和添可一起，愉快地做一回"小白"。这等于是把"了不起的小白"变成了添可与用户的共同追求。那些被点燃生活激情的"小白"怎么能不喜欢这样的励志文案呢？

📚 文案技巧

上述案例表明，能给人带来希望的文案，最容易引发目标用户的广泛共鸣。特别是在这个压力与日俱增的社会，没有人真的讨厌希望，只是反感"心灵鸡汤"般泛滥地制造的虚假希望。当明确了这个前提后，就不难找到构思广告文案的方向了。

你首先要充分洞察目标用户的烦恼与梦想，特别是他们求而不得的美好追求。在此基础上，你要弄清产品能在哪些方面帮助目标用户实现自己的小心愿、小目标，找到二者之间的情绪共鸣点。接下来，你要像"了不起的小白"案例做的那样，提出某个带有励志色彩的理念。这是为了让用户感到我方品牌跟他们站在统一战线上，从而相信产品确实对自己有帮助。

总之，好文案能用文字点燃用户的斗志，传递生活的希望，让他们顺理成章地把购物当成追求美好生活的一部分。

文案练习 17

要求：KUKA 顾家家居推出了一部广告短片叫《支点》。KUKA 顾家把家居比喻为一个"支点"。支点就是杠杆原理中支撑他物固定不动的一点。这个点看起来很小，却非常有力量。这个比喻配合其他温暖的文案描述，让用户不禁展开了一种对家居生活美好舒适的向往。现在需要你用安慰朋友的语气，为广告短片《支点》写一句核心文案，作为整个文案承上启下的关键句。

你想到的第一个广告文案创意是：

_____

_____

_____

KUKA 顾家家居广告短片《支点》中承上启下的那句文案是（答案见附录）：

_____

_____

_____

调动五感，营造富于想象的画面

相信文案创作者都怕听到"没感觉"三个字。因为"感觉"本身实在太主观了，缺乏一个放之四海而皆准的统一标准。我们又不是甲方，很难把对方都说不清楚的"感觉"给说清楚。不过，这并不代表我们就毫无应对的办法。

按照北京师范大学出版社 2016 年出版的《普通心理学》中的定义，"感觉是人脑对直接作用于感觉器官的客观事物的个别属性的反映。人对各种事物的认识活动是从感觉开始的，感觉是最初级的认识活动。同时，感觉是知觉、记忆、思维等复杂的认识活动的基础，也是人的全部心理现象的基础，是最简单、最基本的心理活动"。

既然感觉是通过感觉器官产生的最初级的认识活动，我们可以从"五感"（视觉、听觉、嗅觉、味觉、触觉）的角度来寻找写作思路。

比如，美食广告文案，通常会从色、香、味三方面来切入。色、香、味刚好分别对应视觉、嗅觉、味觉。服装广告文案则会以款式（视觉）和触感（触觉）的角度为切入点。空气清新剂的广告则会重点突出嗅觉体验的改变。

一句话文案高手

有些广告高手非常善于通过描述"五感"来表达丰富的人类情感，以引导产品用户畅想美好的生活画面。美的智慧生活用品的广告就是一个不错的例子。

文案来了

美的：初见会出手

美的集团为了推广"美的初见系列洗烘套装"产品，以气味为切入点拍了一部广告短片。短片选取了情侣、亲子、朋友等三个因为清洁问题而产生冲突的场景，从嗅觉的角度展示产品使用前后的气味对比，从而衬托出美的初见系列产品的强大功能。其主题文案是：

无所"味"，美的初见会出手。

文案解读

美的初见系列洗烘套装融合多种核心技术，并提出了"衣物真正的洁净是清新如初"的净衣健康新标准。怎样让用户接受这个新理念，把美的初见系列洗烘套装的出色功能植入用户的心中呢？

美的研究后决定，通过"闻一闻"这种可知可感的方式，让用户更清晰、直接地知道衣服真正洁净了。

在日常生活中，我们总会在不经意间沾染各种气味。消除身上的异味，是为了保持清爽、整洁的社交形象。沾染各种气味则是享受生活快乐过程中不可避免的事。既要生活"有味"，又要衣物"无味"，怎样才能两全其美呢？

美的以气味为切入点，选取情侣、亲子、朋友等人物关系，把"无所'味'，美的初见会出手"这句文案融入各种趣味场景中。广告短片告诉用户，无论衣物沾染任何气味，美的初见都能轻松解决。有了美的初见这个强大的后盾，用户可以更加放心、自在地享受"有味"的生活。

当用户看到这一个个活灵活现的痛点场景时，就会马上联想到自己的生活烦恼，以及跟身边人的摩擦，于是就强烈希望衣物能洁净到清新如初的程度。这样，文案的宣传意图就顺势达成了。

文案技巧

消费者一向是理性与感性兼备的。他们理性的一面体现在，需要用价格对比、市场统计数据、权威认证、其他用户的口碑来说服。他们感性的一面，则需要你通过调动"五感"来激活想象力，对产品产生好感与信赖感。

所以，你在写文案时不能只说产品好，可以从"五感"的角度具体描述产品的功效，从不同的角度把使用产品的体验写出来。广告文案通过对色彩、气味、口感、声音、手感等细节的描述，可以给用户营造一个能联想到生活细节的场景画面。这样做有利于改变用户的认知，传播我们想要输出的观点。

文案练习 18

要求：iPhone SE 手机新一代智能 HDR（高动态光照渲染）能识别入镜的人脸，并智能地对其补光，以捕捉更自然的轮廓和肤色。它还能对背景中的高光和阴影细节进行优化，所以照片中的每个部分看起来都分外亮眼。现在需要你写一个关于智能 HDR 功能卖点的详情文案。注意在文案中要为读者构建一个联想的画面，文案尽量不超过 20 个字。

你想到的第一个广告文案创意是：

_____

_____

_____

iPhone SE 关于智能 HDR 功能卖点的目标详情文案是（答案见附录）：

_____

_____

_____

第四章

引发读者思考，提升广告立意的高度

制造新话题，颠覆固有观念

怀旧情结是人类的天性，但喜新厌旧同样是人类的天性。后者往往远多于前者。随着生活水平的不断提高，用户也对产品的升级迭代提出了更高的要求。产品的新颖性和品牌的新面貌，在很大程度上是为了应对喜新厌旧的用户。广告文案也是如此。

每一年的节假日都是固定的营销节点。各大商家年年都要例行推出新的广告创意，丝毫不敢怠慢。哪怕去年的广告惊艳绝伦，今年再拿出来重复利用，就会被用户视为懒惰，没有诚意。而新产品的广告，若是用老套路来制作，同样可能遭遇销售的"滑铁卢"。

然而，随着时间的推移，各大商家做过的广告创意越来越多。你能想到的创意，很可能早就被对方用过了。要想不断推陈出新，谈何容易。

虽然创新的难度不小，但不是做不到。每一个新观念的产生，都是从挑战传统观念开始的。新旧观念冲突的背后，是人们日益增长的新需求与固有生活方式之间的冲突。那些广告高手非常善于从人们熟悉却又忽略的生活细节中制造新话题，再借助新话题来引发大众质疑固有观念。比如，美的厨清凉厨房空调广告，就是通过这种方式来包装品牌文化、传递产品价值的。

文案来了

美的：被忽略的背景板

美的集团推出了一部名为《被忽略的背景板》的厨房空调广告短片。短片把焦点对准夏天厨房里忙碌的家人。短片直奔主题说："也许你很少注意到厨房里的他们，究竟背着你做了多少事。"

在夏天下厨的家人，不仅要承受炎热的天气，还要承受厨房的火热。文案指出："他背着你藏起被烤皱的眉头，忍着被浸湿的后背，只为了你最爱的那口。"

做饭的家人在高温里熬着，心甘情愿成为家中最不显眼的背景板。紧接着，美的用一句话呼吁用户关心这些默默忙碌的家人："她热此不疲地爱着你，写在背影上的心意，不该只留下汗水的痕迹。"

在短片最后，美的放出了核心文案："美的厨清凉厨房空调，为爱终结夏厨高温。"

文案解读

美的广告片《被忽略的背景板》呼吁大家关注"厨房里的那个人"。国内大多数厨房没有空调，开火做饭时温度会比较高。

特别是夏天，每一个做饭的家人都背对着我们，变成了一个被汗渍浸湿的"背景板"。

这些背景板可能是爸爸，是妈妈，是爷爷奶奶，是每一个爱着我们的人。广告用影像记录他们被厨房高温打湿的背影，在文案中诉说他们的不易："他背着你藏起被烤皱的眉头，忍着被浸湿的后背，只为了你最爱的那口。"

用户在文案的引导下开始反思，并且很快意识到厨房环境有多么不舒适，自己对厨房中的家人关爱得还不够。

广告的结尾文案"美的厨清凉厨房空调，为爱终结夏厨高温"，堪称点睛之笔。它不仅道出了厨房空调的实用价值，还传播了美的关爱家人的品牌文化。这个以制造新话题为亮点的广告，让美的"厨清凉"厨房空调的搜索量暴涨，销量创新高，得到了广泛好评。

文案技巧

由上述案例可知，推销新产品的广告可以通过制造新话题来引人瞩目。制造新话题不仅是为了给目标用户制造新鲜感，更重要的是通过颠覆固有观念，从而树立有利于产品推广的新观念。运用这种文案写作技巧的难点在于主动制造新话题。

有些文案创作者不善于观察生活，只是一味地炒作脱离具体生活的新概念，以为玩文字游戏就算制造新话题了。这样做的效果肯定是行不通的。而在上述案例中，美的正是通过对生活细致入微地观察，发现了厨房生活的痛点，才制造出非常接地气的新话题——"被忽略的背景板"。

要想在文案中提出真正吸引人的新话题，就得试着站在听众的角度去思考一些问题：自己提出的新话题对听众来说是否真的有新鲜感？是否过于晦涩难懂？是否跟他们的切身利益缺乏直接的联系？能否促使他们有所反思，做出改变？无论什么样的新话题，能把人文关怀、用户情感和产能功效结合在一起的话题就是好话题。

────文案练习 19────

要求：B站想通过一则广告传播"在B站看视频学习"的新理念。B站要求广告文案能准确地表达"在B站看视频学习"与传统的"读书学习"有哪些异同点，同时还要在文案中提到B站的文字游戏"UP主"和"UP的主"，"bilibili"和"bookbook"等元素。假设你是B站的广告代理商，会怎样通过颠覆"只有读书才是学习"的固有观念来传播"看视频也能学习"的新观念呢？

你想到的第一个广告文案创意是：

_____

_____

_____

B站关于"在B站看视频学习"的实际宣传文案是（答案见附录）：

_____

_____

_____

提出看似矛盾却有些道理的"悖论"

提出这个要求的人，一定懂怎么"抓眼球"的阅读心理学。常规的观点往往不够吸引人，吸引人的永远是奇谈怪论。因为你看到奇谈怪论，就忍不住想搞清楚它的原理，然后再决定是赞同还是反驳它。

奇谈怪论大致可以分为两种：一种是彻头彻尾的歪理邪说；另一种是用辩证的眼光看问题，找到违背大家直觉和经验但确实合理的新认识。如果你写文案用的是前一种奇谈怪论，那就成了用户眼中哗众取宠的小丑。后一种奇谈怪论，才是提高广告文案深度的好策略。

其实，老祖宗早就用过这种手法。最典型的例子就是成语"欲速则不达"。明明是加快速度，反而更晚到达目的地。这似乎违背了常识。可是用辩证的眼光来看，急于求成的人更容易忙中出错，一出错就会耽误进度，最终反而变慢了。

"欲速则不达"这个成语正是凭借深刻的智慧名传千古。我们写文案时也可以借鉴这种思路，先抛出看似脱离常识的观点，引起用户的阅读兴趣，然后再给出合理的解释，把广告的观点表达得合理。只要你能让看似矛盾的观点自圆其说，就能赢得用户由衷的认可，如下面这则美的的广告。

美的：我们想蹭蹭妈妈的热度

2023 年，美的在母亲节发布了广告短片《我们想蹭蹭妈妈的热度》。短片开头点明"蹭妈妈的热度"其实是为了"感同身受妈妈的热度"。紧接着，短片用一句文案引出了主题：

她很爱在厨房花时间，同一屋檐下，一道门，隔出十度温差。

这句话揭示了厨房内外的温差，呼应了"妈妈的热度"。而在相关海报中有句类似的文案："厨房的门一关，十度温差，隔出两个世界。"短片随后通过妈妈群体在厨房做饭的动作，让用户意识到温差之间隐藏着妈妈无声的爱。

文案解读

广告一上来就开门见山地表示："母亲节到了，我们想蹭蹭妈妈的热度。换个视角，感同身受妈妈的热度。"

这里的"热度"有两层意思。一层是指母亲节的话题热度，另一层是指妈妈在厨房中感受到的热度，引出了后面的话题。"妈妈的热度"隐藏着一个蕴含哲理的"悖论"——"同一屋檐下，一道门，隔出十度温差。""厨房的门一关，十度温差，隔出两个世界。"

家本来是同一个世界，可厨房门内外却成了两个世界。这个说法看起来似乎存在矛盾，但一联系到现实生活就发人深省了。妈妈在厨房做饭，独自扛下了这份热度，没让家人感受到这十度的温差。这是妈妈无声的爱，也是被家人一直忽略的问题。

美的厨房空调抛出的问题引起了用户的深入思考，然后把新产品定位为母亲节的家庭礼物。

通过产品来消除"同一屋檐下存在十度温差"的悖论，既体现了产品的良好功能，又呼应了母亲节的情感主题。在广告的带动下，"妈妈的热度"成为一时的热门话题，厨清凉厨房空调的销量也实现了迅猛的增长。

文案技巧

由上述案例可知，那些看似矛盾却包含道理的观点，有时候能成为引人入胜的关键。写这种风格的广告文案，关键在于抛出一个能自圆其说的悖论。

这个悖论应该是乍看之下违背常理的，与人们的经验和直觉相矛盾。你在文案中抛出的观点"矛盾"越大，越容易引发人们的反思，广告输出观点的力度也就越强。

因为，人们在刚接触这个悖论时，首先会产生抵触心理，对其发出质疑，然后才被其中的道理说服。唯有如此，文案创作者才能有效引导目标用户按照自己设想的方向来思考和行动。所以，这个悖论不能真正违背常理，必须能从另一个角度证明其合理性，并且逻辑上要站得住脚。否则就前功尽弃了。

文案练习20

　　要求：2023年某日，央视新闻公众号夜读栏目发了一篇推文，提到了一个社会现象。在互联网高度发达的当代社会中，人们获取信息的方式发生了革命性的变化，传统报纸面临着严峻的挑战。央视新闻公众号发这篇推文，就是想提醒大家不要忘记生活，同时传达报纸这种传统信息获取途径的重要性。为了让推文标题更加引人反思，你需要用逆向思维来反向传达报纸的重要性。标题文案长度在20个字左右为宜。

　　你想到的第一个广告文案创意是：

_____

_____

_____

　　央视新闻公众号夜读栏目那一期的推文标题实际文案是（答案见附录）：

_____

_____

_____

用猜谜的方式给读者出题

一般来说，广告文案写得太绕是不妥当的。用户又不是在看悬疑片，不想在广告短片上费太多的脑筋。所以说，好文案只有写得通俗易懂，降低大众的理解成本，才更有利于传播。但是，不要小看用户对广告创意的挑剔口味。他们要求广告通俗易懂，同时又不喜欢平淡无味或者看起来很愚笨的文案。一看就能猜到结局的广告文案，在今天越来越不受欢迎。

这时候，你可以试一试用猜谜的方式给读者出题。

人们不喜欢读看着费解的东西，猜谜则不同。谜题本身是明确且易懂的，不确定的只是答案。按照人类的天性，越是不知道答案，人们就越想搞清楚它，于是注意力就被谜题给吸引了。

比如，中国古典章回体小说每一回结尾的"欲知后事如何，且听下回分解"，电视剧中间插播的"广告之后，精彩继续"，都是充分利用了人类的这类心理。

这个技巧同样适用于广告文案。不过，不要过早暴露自己的营销意图，让用户猜到你要给出的是什么答案。用户虽然知道打广告的商家是做什么产品的，但只要他们猜不到剧情走向，猜不到文案最后如何自然、得体地把谜题与商品结合在一起，就会饶有兴致地看下去。

快手：放心大胆做普通女孩

　　2023 年 7 月初，快手联合华语流行歌手蔡依林推出了一部宣传短片，为她的快手独家直播开唱造势。但短片的主题是鼓励女孩放心、大胆做自己，而不是直接推广直播演唱会。短片开头没有直入主题，而是由一位举着写有"自我认同"话题的记者提出了一个问题。

　　"你觉得自己很特别吗？"

　　蔡依林反问："等等，特别，很重要吗？"

　　这两句文案给读者出了个题目，接下来，多个快手平台的女性用户展示自己的生活，然后问："我这样的人算特别吗？"最后蔡依林做出总结，在快手可以放心、大胆做"特别女孩"或"普通女孩"，女孩可以放心、大胆地做自己。

文案解读

　　这个广告短片的主旨是告诉女孩撕掉被他人定义的标签，放心大胆地做普通女孩。文案没有直接输出观点，而是以提问的方式抛出了一个平时被大家忽略的问题："特别，很重要吗？"

　　然而用户看下去就会发现，快手平台的女性用户对这个话题都有自己的认识。她们看起来很普通，在生活中很常见，所以会反问："像我这样的人算特别吗？"她们的"特别"其实就是"特别普通"。

　　按照过去的观念，人们眼中的"女性力量"就是成为"特别的自己"。快手平台却注意到无数"特别普通"的女性，也需要被关注和被认可。广告的结尾由蔡依林给出了答案："可以特别，也可以普通。各位女孩们，请放心大胆地做你自己。"

文案技巧

　　上述案例表明，当用户听到一个出乎意料的谜题时，就会在脑海中产生疑问，从而迫切地想搞清楚答案。这样一来，他们就会被文案吸引，继续读下面的内容。很多图书的书名和目录、文章的标题、商品营销文案都会采用类似的手法。

　　这种文案写作技巧的关键在于，你抛出的谜题要能让对方产生"为什么"的疑问。如果谜题一看就能猜到答案，那么效果就跟没有出题一样。所以，你设置的谜题应该在一定程度上违背一般人的常识。

　　比如，在上述案例中，记者举着写有"自我认同"的话筒问："你觉得自己很特别吗？"言下之意，大众公认"特别"是重要的。广告文案却用反问的形式让大家猜"特别"到底重不重要。而且，后续的文案让人们产生了"听你这么一说，好像'特别'真的不一定重要"的感受，最终顺理成章地介绍广告传播的新观点。

最后，需要注意的是，我们在文案中设置的谜题要符合产品品牌的属性，否则用户的兴趣就止步于谜题的答案，而不想进一步了解产品品牌。这样就违背了我们写广告文案的初衷了。

文案练习 21

要求：联想曾经推出过一款家用电脑，要求广告商能借助"联想"这个品牌名称来创作广告文案，让用户联想到联想家用电脑的重要性。假设你就是那个广告商，打算用一句文案激发用户无限发散的思考空间，告诉他们"没有想象力的世界是多么无趣"这个道理。这句文案最好能采取反问的方式，字数限定在 15 个字以内为宜。

你想到的第一个广告文案创意是：

_____

_____

_____

联想家用电脑广告实际采用的文案是（答案见附录）：

_____

_____

_____

激发大众的好奇心，你就赢了

发起挑战活动这种宣传手法，同制造新话题、提出看似矛盾的"悖论"、给读者出谜题等技巧殊途同归，本质上都是为了激发大众的好奇心。毕竟好奇心是人类与生俱来的本能。好奇心一旦被激活，你很难克制自己想要知道答案或者试试看自己行不行的冲动。

比如，法治栏目都喜欢在讲到案件高潮时突然来一句旁白——"就在这时候，×××做出了令人意想不到的举动。"很多游戏广告也喜欢向玩家发起某种角色扮演类的挑战，并许诺完成挑战的人可以获得某种丰厚的奖励。

这些都是激发大众好奇心的常见手法。大众在围观或亲自参与挑战的过程中，会产生强烈的代入感与参与感。只要答案和结果揭晓之后令人满意，就能让他们从头到尾都获得足够的情绪价值，从而对品牌或产品产生积极、正面的印象。

在这个比拼创意的年代，大众的胃口越来越大，而且能猜到很多商家的套路。他们的好奇心并不容易满足。要想找到别出心裁的宣传方式，就要打破常规思维，不必等新产品上市或者固定的营销节点再行动。比如，伊利的安慕希就曾经利用一个网友调侃的小事，策划了一场吊足大众胃口的特别营销行动。

夺回"安慕希大楼"行动

2023 年 3 月初，一名小红书博主发现上海有一栋大楼的形状是一个蓝色的长方体，边角被不规则且均匀地切割，长得很像安慕希酸奶的包装盒。她发的动态很快在小红书引发热议。安慕希官博闻讯就在评论区留言说："是的，那这一次我要夺回属于我的大楼。"

网友们以为这只是一句霸气回应，没想到后来安慕希真的来到"安慕希大楼"附近，并放出图片和文案"拿下安慕希大楼计划之摆摊"，并发动网友积极出谋划策。

安慕希官博用图文形式直播了"安慕希 0 号特工"（零蔗糖酸奶）占领"安慕希大楼"的经过。带有"抵达大楼大门""等待通过安检""深入大楼内部"等文案的图片，仿佛在上演一场谍战连续剧。安慕希后来在该大楼屏幕上播放了整整一周的"安慕希灯光秀"。一个意外事件引发夺回"安慕希大楼"行动至此圆满结束，给广告界留下了一个有趣的热门话题。

文案解读

在互联网时代，品牌方对受众情绪的准确把握越来越重要。

安慕希对信息的敏感度很高，第一时间发现了与自身品牌相关的话题，并由官方号主动带头，引发了网友病毒式传播。

最开始，安慕希立下誓言"是的，那这一次我要夺回属于我的大楼"，制造了一个热门话题。就在大家以为这只是个玩笑时，安慕希在立誓的10天后抛出了"拿下大楼计划"，在"安慕希大楼"对面摆摊。

安慕希在与网友互动的过程中持续增加品牌的曝光度和好感度。这场"夺楼大战"引发全网围观，大家都很想知道，事情接下来会演变成什么样子。

在这场营销的连续剧中，安慕希不断用文案来刺激大众的好奇心，得到了显著的宣传效果，赚了一大波人气。

文案技巧

当人们遇到充满不确定性的东西（如谜题、疑问、悬念）时，就会被激发好奇心，想要看到结果。怎样才能在文案中做到这点呢？

简单来说，你可以先在文案中透露一些吊人胃口但又无关紧要的信息，让目标用户不能一下子就看穿答案。只要最重要的信息还没交代，就会让大众对答案保持浓厚的兴趣。接下来，你需要在文案中一点一点地抛出新信息，但又点到为止，继续吊人胃口，引导大家顺着你给的信息思考，直到获得最重要的信息才搞清楚最终答案为止。

还以安慕希这次广告为例，安慕希先用"夺回大楼"的誓言吊人胃口，当大众的好奇心衰退的时候，安慕希又会适时抛出新的悬念，重新激发大众的好奇心。如此一来，大众的满足感会层层叠加，广告宣传的效果也会随之强化。

──────── **文案练习 22** ────────

要求：2020 年，领英想要制作一个献给依然奋斗的广告人的广告短片。在这个短片中，领英找来许多广告界专业人士，一起引导广告从业人员对"糊口的工作"与"热爱的事业"之间的价值冲突进行思考，最后传达了"现实越不理想，越要坚持理想"的价值观。现在，短片缺乏一个能激发大众好奇心的开头。你需要在短片开头写一句挑战尝试的文案，跟结尾处呼吁从业人员"做一个真正的广告人"形成对比，并能首尾呼应。

你想到的第一个广告文案创意是：

_____

_____

_____

领英在 2020 年短片开头实际采用的广告文案是（答案见附录）：

_____

_____

_____

反转，反转，还是反转

所谓反转，就是反套路。通过反转固有套路来创造新套路，让用户获得充足的新鲜感。

用户看广告文案看到一半时，突然发现后续内容跟自己预想的情节发展有出入，就会感到耳目一新，从而对广告介绍的品牌或产品也看得更加顺眼了。

比如，沃尔沃曾经推出过一个关于 TVB 导演弃用沃尔沃的广告短片。众所周知，香港 TVB 导演非常喜欢拍摄刺激的撞车、飙车打滑等镜头，结果沃尔沃 XC60 的汽车智能安全系统自动识别有主动刹停功能、紧急避让辅助功能，导致拍摄总是不能正常进行。导演被气得发飙并决定弃用沃尔沃。

这种以反套路营销让用户直观地了解汽车的安全性能，甚至有网友评论"虽然我还没有驾照，但我已经心动了"。可见出人意料的反转是广告出奇制胜的法宝之一。

文案来了

大众点评：我们首创了一个不好使的广告代言大使

2023 年，大众点评网推出了一支充满反转意味的大众点评必吃节广告宣传片《我们首创了一个不好使的广告代言大使》。在短片开头，广告代言人表明自己的身份是"大众点评必吃节推荐大使"，却话锋一转道："我虽然是个大使，但是说话很不好使。"短片的文案也充满了对推荐大使的抱怨。

"站得高，也不一定好使·大使"

"史上说话最不好使·大使"

"失去自由且不好使·大使"

"史上存在感最低·大使"

这些抱怨文案后面还有反转金句，如"大使说的不算，大众说的才算"，最后还搭配了"大众点评必吃榜，7亿人的选择"。

短片通过"推荐大使的不好使"的反转效果，反衬出大众点评必吃榜是"7亿人选出来的榜单"，传达了"大众，才是真正的专家"的品牌定位。

文案解读

大众点评的这个广告从一开始就产生了强烈的反转。按照常规套路，形象代言人应该是一位在消费者眼中说话很好使的"权威"。可该广告反而把她塑造成了一位"说啥都不好使的大使"。

正是这种强烈的戏剧冲突感，让广告的效果耳目一新，更加吸引用户的眼球。形象代言人自嘲："我虽然是个大使，但是说话很不好使。"

接下来，大众点评利用高科技构建了一个形象代言人无处不在的多元空间。在电梯、电子大屏、菜单、人形立牌等场景中，她如被施加了魔法一般，在固定不变的背景板上动了起来。每句文案都在抱怨大使不好使，实际上都在表达大众点评最核心的品牌文化——大众才是真正的推荐大使。

大众点评借助"说话不好使"的广告代言人，成功地传播了"7亿大众，才是真正的推荐大使"的核心理念。推荐大使说话越不好使，越能反衬出"大众点评必吃榜，7亿人的选择"的公信力。

这样的反套路营销，颠覆了人们对产品形象代言人的刻板印象，从心理层面给予目标用户满足感，让他们在笑声中自然而然地接受大众点评必吃榜。这样从更深的层次强化了大众点评品牌文化的"大众"属性。

文案技巧

用常规手法写营销文案，则难免落入俗套，难以在目标用户心中建立独特的品牌记忆点。这无疑会让你想推荐的产品，最终陷入与其他同类品牌同质化的僵局。而大众点评的反套路广告证明，用反转的手法做反向营销，能有效地抢占目标用户心智，更容易收到一举破局的奇效。

为此，我们在写文案的时候，可以多思考一些突出矛盾性、差异性的反向营销套路，让大众猜不着你的思路，进而从文案中得到意外的惊喜。你可以先根据产品的特点，构思一些常规套路的广告文案。然后在这个基础上，添加反转元素。需要注意的是，反转元素和反套路剧情要合理，不能存在明显的逻辑漏洞。片面追求反转的新奇而忽略内容的合理性，反而容易让目标用户失去好感。

文案练习23

要求：假设你是创意青年文化品牌"but lab"的文案创作者。客户要求你打造一个新的儿童节海报，用风趣、幽默而又一针见血的调侃风格文案来诉说成年人世界的不容易。这次的调侃对象是"老板"，你要想一句文案，既能调侃老板，又能跟"童心""童真""童趣"产生联系。

你想到的第一个广告文案创意是：

_____

_____

_____

"but lab"团队儿童节海报广告实际采用的文案是（答案见附录）：

_____

_____

_____

强调稀缺性，制造紧张感

强调产品的稀缺性，也是广告营销的传统之一，在生活中并不少见。

当你路过街边的商场时，可能会经常听见有喇叭里传出"清仓大处理，清仓大处理，最后一天，最后一天"的叫卖声。这就是强调稀缺性的典型手法，会让有需求的目标用户生怕错过最后的购物机会而行动。

不过，只要你天天从商场路过，就会发现那家店铺一直处于"最后一天"，未必会真正关门。但顾客发现了商家的套路，也就不再愿意消费了。由此可见，不是强调产品稀缺性的营销手法不能用，而是不要滥用、乱用，因为需要维护品牌的信用度。

今天的市场产品种类繁多，许多品牌的产品还存在同质化的现象。假如你要推荐的产品本身自带稀缺性，那么写文案的时候就可以着重渲染其珍贵之处。有些产品的稀缺性在于不可复制，有些则是制造工艺或材料的独一无二。只要在文案中围绕相应的特征来反复打磨语言，就能起到应有的营销效果。

可是，并非所有的"稀缺性"都会被市场认可。有时候，你可能察觉到某种日益减少的事物确有不俗的潜在价值，但大众还没认可这种"稀缺性"。因此，写这样的广告文案就得多费点脑筋了。

淘宝重阳节广告："老宝贝上新"计划

2023年重阳节，淘宝网联合中国老龄事业发展基金会发起了一项公益计划——老宝贝上新。这次的"老宝贝"比较特殊。淘宝把全国各地50位老人的经验和技能录制成公益课，作为"老宝贝"上传到公益网店，并打出了"看见老宝贝，淘到新智慧"的口号。

以下是具有代表性的"老宝贝"文案：

遇事不慌，再急的湍流，也有自己的规律。

（黄新元，70岁，教你户外水域避险）

学会了缝缝补补，生活里再碰到窘境，就不会慌了。

（邓秀兰，86岁，教你民族风刺绣）

生活对你喋喋不休，那就对他敲敲打打。

（周津生，70岁，教你手碟演奏手法）

文案解读

淘宝网这一次上新活动跟以往大不相同。过去的上新是一件件实物商品，而这回的"老宝贝"是一群老人在自己擅长的领域沉淀下来的经验与智慧。淘宝将其录制成了一堂堂短小精悍的实用技能课，再通过"猜你喜欢"的算法进行匹配，用"顺手买一件"功能推送到相关的用户那里。

"老宝贝上新"计划找到了一个深刻洞察当下社会中老人心理特点的切入点。老人们退休之后闲下来了，但与此同时，开始渐渐感到自己在社会上没有价值。由于种种原因，子女们在老人身上投入更多的是物质上的照顾，而非精神上的陪伴。而老人群体更希望的是感觉自己"被需要"，感觉自己"还有用"。

淘宝认真聆听了老人们心底深处那种"老而有用"的愿望，策划了"老宝贝上新"计划，让老人们的经验和智慧发挥余热。比如，"别找不着北，我的经验会为你指南。""时间教会我的，我都想一一交给你。"等文案，用充满长辈关怀的口吻向年轻用户传递了"老宝贝"的价值。

广告一直在提示大家，这些"老而有用"的"老宝贝"正随着时间迅速流失，具有明显的稀缺性。公益计划的口号"看见老宝贝，淘到新智慧"，它一语双关，让老人们的价值被更多人看见，也让大家意识到与时间赛跑、赶紧入手"老宝贝"的紧迫感。这样的广告文案既引发了目标用户的思考，又让老人与年轻人之间产生了深度的情感联结。

文案技巧

在销售商品的时候，强调商品的稀缺性是最基本的宣传手法之一。

俗话说"物以稀为贵"。人类对事物"稀有性"的追求比我们想象中的更热烈。当消费者知道某种商品是"难得之物"（如全球限量版的某某器物）时，就会不顾一切地想把它弄到手。

在上述案例中，广告通过刻画老人们的生活与心态，让目标用户意识到老人的经验和智慧是即将失去的宝贵财富。这就让"老宝贝"的价值因为随时可能消失的稀缺性而大大提升，从而让目标用户放弃不紧不慢、挑挑拣拣的行为，倾向于尽早得到越来越珍贵的"老宝贝"。

想要突出商品的稀缺性、制造购物的紧张感，可以在文案中加入"限定××个""只能买××个""只剩下××个"之类的信息。一切都是为了让目标用户意识到"过了这个村就没这个店"。

不过，需要注意的是，我们在强调商品"稀缺性"的时候不要信口开河。如果你非要把价值很低的商品说成是贵重、稀有之物，那么总有一天会被目标用户发现，从而彻底丧失商业信誉。

文案练习 24

要求：1995 年，诚品书店敦南店准备组织一场旧书拍卖会。活动内容是全面 5～7 折拍卖，货品多，价格低，供应快，欢迎广大读者在 1995 年 3 月 11 日至 3 月 19 日前来大量搜购旧书。现在需要你为宣传海报写一句文案，强调旧书的稀缺性和价值，以引起更多读者的关注。

你想到的第一个广告文案创意是：

_____

_____

_____

1995 年诚品书店敦南店旧书拍卖会实际采用的主题文案是（答案见附录）：

_____

_____

_____

不是贩卖焦虑，而是引起警醒

按照一般的定义，贩卖焦虑是指网络账号或实体企业、个人等，利用文章、视频等宣传方式，通过增加人们对于某事、某物的焦虑感而从中盈利（包括增加关注度、增加流量、赚取金钱等盈利方式）。

如果你是用刻意制造矛盾、夸大危险的手段恐吓目标用户掏钱，那确实是在贩卖焦虑，不值得提倡。比如，消费者的身体本来没毛病，你为了卖保健品或"特效药"，故意说消费者的健康状况告危。这种做法突破道德底线，屡屡被"3·15"曝光，是严格禁止的。

我们不提倡贩卖焦虑，但是，可以通过文案来引起用户对某些隐患产生警醒，引导他们选择合适的产品。从本质上说，这也是利用人类本身的恐惧感来激发购买欲，与"贩卖焦虑"不同的是，它有底线，只是在满足用户真正的需求。

一家出版社曾经邀请大名鼎鼎的奥美广告来为其做推广。广告的主题是号召大众多读书。按照常规思路，肯定是说不读书会有何种恶果。奥美广告却另辟蹊径，用第一人称写了个被业内广为传颂的文案——《我害怕阅读的人》。

《我害怕阅读的人》的高明之处在于，点出了一个令人警醒的场景。很多人在饭桌上发现自己知识量不足，别人能侃侃而谈、出口成章，自己却像个跑龙套的群众演员，插不上话。其文案字字戳心，让读者心头涌起了惭愧、无力、懊恼的情绪，于是下决心开始多读书了。

无独有偶，下面这个案例也使用了引起警醒法。

文案来了

小红书海报：反冲动俱乐部

2023年的"618"年中电商大促节来临之际，无数商家都在疯狂地促销，以激发目标用户按捺不住的下单欲望。小红书的"618"文案却反其道而行之，出了一组海报，并写出大家被冲动消费"割韭菜"的经历。以下是反冲动俱乐部系列海报的文案：

被割韭菜只需要3秒，3、2、1，上链接～

我上过最大的当，就是买一赠一堆小样。

钱不是大风刮来的，但跟风买，真的会把钱刮走。

文案解读

电商平台在每年的"618"年中大促节都会全力抢流量、争热度，力求在价格和内容上吸引更多目标用户。目标用户在平台上看到海量的满减折扣信息，就会觉得不趁机购买就亏了。可是，他们事后冷静下来就会发现，自己买的某些东西根本用不着，反而多了很多不必要的开支。

针对这个现象，小红书在线下举办了"反冲动俱乐部"活动，呼吁大家不要冲动消费。小红书以"365天无理由退货""退货的商品可兑换成小红书现金券"等玩法打差异化营销，通过反冲动消费来唤起目标用户的共鸣。案例中的"618"文案走的就是这种引起目标用户警醒的宣传路线。

比如，"被割韭菜只需要3秒，3、2、1，上链接～"这句文案，讽刺了那些看直播时冲动消费的目标用户。"被割韭菜"是消费者最害怕的事，而"3、2、1，上链接～"是直播带货主播的常用营销语，二者结合在一起让文案极具冲击力。

"我上过最大的当，就是买一赠一堆小样"这句文案，讽刺了目标用户贪图便宜而买到一堆用不上的产品的行为。

"钱不是大风刮来的，但跟风买，真的会把钱刮走"这句文案，更是直白地讽刺了冲动的目标用户乱花钱导致的恶果，提醒大家不要跟风购物。

这些广告文案，传递了小红书"只买适合自己的商品，不冲动不跟风"的消费主张，对提醒目标用户理智消费有很大的帮助。也正是这种真诚的做法，让小红书得到了更多目标用户的认可。

文案技巧

上述广告案例中宣扬的反冲动消费理念恰恰是一种反焦虑的做法。这种引起目标用户警醒的文案创作思路，更常见于公益广告。但销售文案同样可以用，特别适用于宣传省力型产品、预防型产品与治疗型产品。

用引起警醒的思路写销售广告，要遵循一定的套路。此类广告的结构一般包含两个紧密相连的部分。

第一部分是描述一个令目标用户心痛的具体场景。这个场景对应了目标用户的某种痛点，无法单凭自身力量解决问题，必须借助他人的支援或某类事物才能克服。

第二部分是指出这个问题不解决会带来哪些令人难以承受的后果。值得提醒的是，这个不良后果是从具体场景中的痛点推导出来的。文案描述要做到具体、清晰，贴近生活。

当目标用户意识到这个不良后果后，他们就会迫切地寻找解决方案。这时候就是广告文案顺势推销解决方案的好机会。

也许有人会觉得，这个文案的写作套路好像跟贩卖焦虑的广告很像。从本质上说，无论是贩卖焦虑还是引起警醒，背后都是在人类对事物的恐惧感上做文章，所以文案套路是相通的。只不过二者的目的不同，贩卖焦虑是通过恐吓来占目标用户的便宜，引起警醒是通过恐吓来让目标用户理性消费。你在写文案时必须明白这个区别。

文案练习 25

要求：泰国DTAC电信制作了一个名为*Disconnect to Connect*(《别

忽视身边更应该珍惜的人》）的广告短片。短片宣传的主题别具一格，指出许多人成了手机的"奴隶"，忽略了与身边的亲戚、朋友的自然沟通与情感互动。现在需要你为广告短片写一个主题文案，呼吁大家不要沉迷于手机，而要珍惜身边真实的风景。注意文案语风要循循善诱，不要威胁、恐吓用户。

你想到的第一个广告文案创意是：

_____

_____

_____

泰国 DTAC 广告短片 *Disconnect to Connect* 实际的主题文案是（答案见附录）：

_____

_____

_____

如果广告文案写得像新闻标题

其实相比商业味浓厚的广告，一般人更爱看新闻。首先，新闻的信息来源比较权威，可信度比商业广告高多了。其次，新闻天天都更新，而单个品牌的广告隔一段时间才出一个，时效性无法与新闻相提并论。最后，新闻报道的就是全世界各种各样的新鲜事，而广告创意的趣味性未必更强。

因此，广告文案有时候可以写得不那么像广告，用新闻标题的风格来写，说不定能得到更多的流量。如果是用新闻标题的形式来写广告文案，就要注意以下 5 点。

（1）简短明了。文案要尽可能简短明了，避免冗长的描述或重复的字词，必须使用简洁而准确的语言，字数最好控制在 20 个字以内。

（2）突出重点。文案应该突出最重要的产品或品牌信息，让读者能够快速地了解广告的主要内容和焦点。

（3）引人入胜。选择具有感染力和吸引力的词语和表述，以便引起读者的兴趣和好奇心。

（4）独特性。尽量避免使用平庸的词语或句式，最好能用创新性的表述和形式。

（5）知名人物。如果广告涉及知名人物的话，则可以在广告标题中直接出现，以增加广告的话题性。

下面这个案例中的广告短片，不仅标题写得像新闻标题，连内容都含有新闻报道的味道。

文案来了

比亚迪2023年汽车发展史宣传片

2023年8月9日，比亚迪第500万辆新能源汽车正式下线，成为全球首家实现这一成绩的车企。当晚，比亚迪发布了一部广告短片《在一起，才是中国汽车》。这部片名酷似新闻标题的短片回顾了1953—2023年，中国汽车各个品牌从无到有、从弱到强的发展足迹。

在短片中，我们既能看到东风、长安、上汽、广汽等老牌造车厂商的发展足迹，也提及了小鹏、未来、理想等国产汽车品牌新秀的崛起。

比亚迪在文案中强调："70年，我们的故事各不相同，但方向却又如此相通。"最终以"在一起，才是中国汽车"的文案结尾，呼吁中国各个汽车品牌同心协力，走向更辽阔的天地，一起成就世界级品牌。

文案解读

　　这个广告短片可以说是一部迷你版的中国汽车行业发展史。从片名到主文案，都带有一股浓浓的新闻报道气息。短片开头文案是："今年，是中国一汽成立的第70年。当第一辆'解放'问世，中国在世界汽车行业上标注了自己的名字。"这句富有新闻写作风格的开场白，一下子拔高了广告的立意，并激发了观众强烈的民族自豪感。

　　比亚迪在广告中不仅明确表达了自身的行业地位，还借描述中国其他汽车品牌的发展历程及成就，表达了对友商的尊重。

　　"70年，我们的故事各不相同，但方向却又如此相通。"这句文案，将所有的中国汽车厂商的发展线索聚拢在一起，为后面提出"中国汽车"这个身份认同做铺垫。

　　"这个名字，将由你，由我，由每一位中国汽车人共同书写。"这句文案，展现了比亚迪的大局观和包容性。广告随后解释"这个名字"是一汽、东风、长安、上汽、广汽、奇瑞、吉利、长城、比亚迪、小鹏、未来、理想等国产汽车品牌。最后用"在一起，才是中国汽车"升华了全片的主题，宣传了合作共赢，创造中国汽车世界级品牌的理念。

　　这种史诗纪录片风格的广告形式和充满民族情感的新闻报道式文案，更能引起目标用户的广泛共鸣和关注，在当时起到了很好的宣传效果。

文案技巧

由上述案例可知，带有新闻报道感的广告文案具备很强的感染力，能让目标用户群体站在更高的层次进行思考，然后决定支持广告推荐的品牌或产品。写这种风格的广告文案，主要有以下三个要求。

首先，你要在广告中树立一个新闻主角。这个新闻主角可以是一款产品、一家公司、一个品牌、一个名人、一个群体。假如广告宣传的品牌知名度不够高，那么建议你不要直接以品牌为主角，而是把品牌跟某个新闻焦点结合起来。比如，案例中的比亚迪在汽车行业本身就有一定的知名度，同时与新中国汽车行业发展70周年这个新闻焦点做了关联，所以广告的传播力得到了极大的提升。

其次，你可以在文案中加入即时性词语，比如，此刻、当前、现在、今天、当年年份、当时的节庆、这个夏天（当时的季节）、这周三（当时的日期）等。因为人们总是倾向于关注最新发生的事情。比亚迪开场白用到了"今年"和"第70年"两个词语，很快吸引了目标用户的注意力。

最后，你可以在文案中加入重大新闻常用词，比如，问世、全新、上市、发布、曝光、终于、突破、发现等。这些词会让目标用户感到广告中会"有大事发生"，从而迫不及待地弄清楚后面的内容。

文案练习 26

要求：2003年世界爆发了局部战争。当时统一润滑油打算在中央电视台投放一个广告，广告文案既要能突出润滑油的产品用途，又要体现对世界和平的呼唤。你需要灵活运用对比的手法，实现统

一句话文案高手

一润滑油的创作目标，文案字数尽量控制在15个字以内。

你想到的第一个广告文案创意是：

_____

_____

_____

统一润滑油2003年在中央电视台实际投放的广告文案是（答案见附录）：

_____

_____

_____

第五章

钻进用户脑海里，把卖点说个通透

突出产品的好处和功效

优秀的文案创作者首先要是一名卖点提炼高手。因为把卖点讲清楚，是写广告文案最基本的能力。你在构思文案时，脑海里要反复琢磨两个问题。

第一个问题：这样做有助于营销人员推销产品吗？

第二个问题：如果我是用户，能从这个文案中搞清楚产品的主要卖点吗？

你要学会换位思考，通过体验产品来获得目标用户的感受。目标用户希望从产品那里得到什么样的价值，希望产品在哪些地方有所改进。大家最关心的这些问题，就是产品的主要卖点，就是你必须在文案中重点强调的核心信息。

站在消费者的立场上看，他们最关心的问题无非是产品的好处与功效如何。价格因素很重要，但产品有没有用更重要。毕竟，没多少人愿意花钱买完全用不上的东西。你写文案时如果把使用产品的好处和效果写明白，那么广告就成功了一半，对销售额的提升会产生积极的影响。

需要注意的是，你在广告文案中承诺的产品功效不应该是虚假的。因为目标用户对你还没完全信任，如果你的广告文案过于夸张、失真，就会令人心存疑虑。如此一来，市场反馈结果就很难达到你的预期了。甚至你有可能触犯《中华人民共和国广告法》，要承担相应的法律责任。

下面的案例在突出产品的好处和功效时，做得很恰当。

文案来了

美团：快乐就在自己手上

2023 年夏天，美团推出了一部名叫《快乐就在自己手上》的美甲团购短片。开头文案指出："100m² 的快乐要等很久，10cm² 的快乐现在就有，快乐就在自己手上。""100m² 的快乐"指的是买房子，"10cm² 的快乐"指的是做美甲。

接下来短片用不同的场景来传递做美甲的快乐。比如：

流星一眨眼就消失了，指尖上的星星，每天都在眨眼睛，快乐就在自己手上。

文案解读

美团这个团购广告的服务对象是女性目标用户，宣传内容是"打响丽人夏季促销"，想要突出的重点是"大家能用很美丽的团购价格，把美甲美美拿下"。但广告没有直接讲述美团团购的价格优惠，而是选择了一个更加能让目标用户感同身受的产品好处——快乐。

对于女性目标用户来说，做美甲其实就是平日里一件轻松、随性的"小快乐"。于是广告提炼出了营销的核心观点——"快乐就在自己手上"。文案通篇不需要大道理，而是用一个个生活场景来输出这个"小观点"。

"100m² 的快乐要等很久，10cm² 的快乐现在就有"这句文案，突出了美甲团购的价格实惠。对于买房子这种大快乐，可能很多人暂时享受不到，但是做美甲的小快乐可以马上获得。

"本以为要下很久的雨，做个美甲的功夫就停啦"这句文案，用具体的生活小场景突出了美甲的另类用途——打发无聊的时间。等雨停的过程是很无聊的，但是做个美甲就能在消磨时间的同时获得快乐。

"流星一眨眼就消失了，指尖上的星星，每天都在眨眼睛"这句文案，说的是做一次美甲能获得很长时间的快乐。

每句文案最后都以"快乐就在自己手上"的核心观点收尾，强化了广告主题。这样，目标用户一看就明白，在团购价格的支撑下，做美甲的小快乐可以真真正正地被即时掌握在自己手里。

文案技巧

我们在构思广告文案时，要站在目标用户的立场上做策划。他们最在意的是"购买该产品会得到什么好处""这种产品能实现何种效果"等问题。文案若能直接让目标用户感受到好处与功效，特别是那些"能轻松够得到的好处"，就容易引起他们的兴趣。

也许有人要问，如果产品的好处和功效（即卖点）很多的话，那么文案到底应该突出哪一个呢？

广告文案要充分展示产品的卖点，但信息量太大的话，目标用户最终可能一个也记不住。为此，你可以用三个步骤来确定产品最该突出的核心卖点。

第一步，你要把该产品所有的卖点都一一列出来。

第二步，按照目标用户对产品的关注度的高低，对所有的卖点进行排序，找到他们最在意的几个卖点。

第三步，在找到目标用户最重视的几个卖点后，再对比我方产品跟竞争对手产品之间的差异，然后在文案中对核心卖点进行差异化描述，强调我方产品的个性符合目标用户的核心需求。

文案练习 27

要求：法国眼镜品牌 Keloptic 要求巴黎扬罗必凯为其眼镜产品做广告。Keloptic 希望这个广告既有高雅的艺术气息，又有妙趣横生的想象力。假设你是广告设计师，用梵高自画像、巴黎圣母院等印象派画做参照，制作了一系列用 Keloptic 有趣地看世界名画效果大不一样的广告。现在需要你紧密结合广告内容写一句文案，不仅要展示你对绘画艺术的渊博知识，还要恰如其分地突出眼镜的功能。

你想到的第一个广告文案创意是：

_____

_____

_____

一句话文案高手

巴黎扬罗必凯为法国眼镜品牌Keloptic实际写的广告文案是（答案见附录）：

_____

_____

_____

降低门槛，打消目标用户顾虑

文案创作应该注意"降低门槛"原则。降低门槛原则有两点：一是降低目标用户理解内容的门槛，二是降低目标用户购买产品或服务的门槛。

先说降低理解内容的门槛。广告文案不是简单地把卖点展示出来，更重要的是让用户看完就懂。现在的很多人习惯了碎片化阅读，更倾向于接收短、平、快的信息。

所以，写广告文案时应尽量减少专业术语的使用，不要用冷僻词，语言可以优雅，但一定要直白易懂。在很多情况下，你还可以借用比喻、类比等手法，用目标用户很熟悉的日常事物来比喻或类比所推荐之物，这样目标用户就很容易理解你想表达的信息了。

再说降低目标用户购买产品或服务的门槛。广告推荐的产品或服务可能确实是好的，但有些目标用户可能担心自己"用不了"或"做不到"，以至于购买欲望被畏难情绪阻碍了。

比如，智能家居生活用品可以让我们的生活更为便捷，但是老一辈的目标用户习惯了自己动手做家务，担心自己很难学会操作这些高科技设备，所以对智能家居产品比较抗拒。又如，对于某些知识类图书或者付费课程，目标用户担心自己脑袋不灵光，买了书和课也学不会，于是索性敬而远之。

遇到这种情况，我们就要在文案中着重介绍产品具备"便于操作""轻松上手""一学就会"的优越性。也就是说，把产品的使用门槛降低，才能让目标用户相信自己也可以轻松地享受产品带来的好处。

总之，我们写广告文案的时候，一定要细心地体察目标用户的顾虑。降低一切门槛，打消目标用户的顾虑，这样你的文案才能调动大众的积极性。

OATLY 燕麦奶的刷墙文案

2024 年新春之际，燕麦奶品牌 OATLY 发扬了自己擅长的涂鸦艺术，跑到中国乡村刷墙。OATLY 把"OOTD""想你的风""City Walk"等网络流行语与品牌结合，创作了一批刷墙文案。这些文案都是模仿父母的口吻喊你过年回家，比如：

想你的风结结实实地从心头，吹到了村口。

City Walk 一百遍，也找不到咱家这样的后院。

妈和小姨都想，春节学学你的 OOTD。

文案最后大多以"在家不习惯，多半是忘了把习惯带回家"结尾。

文案解读

OATLY 在海外市场就曾经以"墙"为营销战场，多次发布广告。比如，OATLY 在巴黎街头就发过"如果这面墙有燕麦奶，不是会更好看吗？"之类的标语。在中国，农村墙体广告也流行了几十年。无论是产品下乡还是淘宝电商下乡，都会在墙面上刷广告标语。

因为相对于投放其他媒体，农村墙面广告只需找到临近公路地段的墙面做展示，租金成本低，性价比很高。

不过，OATLY 的墙面广告文案并不是向真正的农村目标用户推广燕麦奶饮品。其真正的沟通对象是"OATLY 的既有目标用户和未来目标用户"。之所以要把广告刷在农村墙面上，是因为其"既有目标用户和未来目标用户"群体中有大量身居一线城市工作的年轻人。这些人有春节返乡过年的习惯，一回村就能看到这些墙上的燕麦奶文案，比如，"想你的风结结实实地从心头，吹到了村口——过年带燕麦拿铁回家"。

这些墙面广告的主要特点就是"接地气"，字体大得显眼，内容通俗易懂，朗朗上口。老乡们路过读起来都觉得顺口。文案把年轻人熟悉的互联网语言跟传统乡村场景做了融合，有利于在返乡青年中形成话题，扩大传播力度。

文案技巧

上述案例最令人称道的就是，它道出了父母的心声，让老家的亲人也能了解年轻人的语言，说出让年轻人惊喜的话。OATLY 燕麦奶品牌通过构建理解沟通的桥梁，借此给两代人留下深刻的印象。

即使广告文案降低了目标用户的理解门槛，也还不能完全排除他们的顾虑。目标用户一般会担心以下 3 类问题。

一是产品问题。比如，收到产品后感觉不满意，怎么办？万一产品没有广告上说得那么好，怎么办？产品用一段时间就坏了，怎么办？

二是服务问题。比如，产品的邮费、安装费由谁来承担？其他的售后服务能否如承诺的那样说到做到？

三是隐私问题。比如，如果我购买的产品涉及个人隐私，不想被太多人知道，那么送货服务过程中会不会被别人发现？

这些琐碎的顾虑若是得不到解决，那么目标用户最终会放弃购买。如果你在广告文案中什么都不说，让目标用户自己去咨询客服，这就实质上是提高了目标用户接受服务的门槛。而有经验的竞争对手，会在广告文案中主动提出用户可能担心的产品问题、服务问题和隐私问题，并给出相应的解决方案。这样就会让用户感到放心，从而更愿意下单。

假如你能在文案中主动打消用户的顾虑，把用户做决策的门槛降得更低，那么胜出的就不是竞争对手，而是你。为此，你的文案不仅要展示对产品的坚定信心，还要表达认真、负责的服务态度，同时用轻松、愉快、自嘲的方式同目标用户打成一片。总之，一切努力都是为了让用户更加放心。

文案练习28

要求：当年苹果公司联合创始人史蒂夫·乔布斯放话说："我们将重新定义手机。"苹果刚推出第一代 iPhone 的时候，"智能手机"还是一个全新的概念。大家根本不知道这是个什么东西。假如你是乔布斯，你会用一句什么样的文案，让普通人迅速地理解 iPhone 智能手机的功能和用途，打消他们的疑虑呢？

你想到的第一个广告文案创意是：

_____

_____

乔布斯当时在发布会上实际用到的文案是（答案见附录）：

_____

_____

有故事感的文案，更能打动人心

如今，故事营销大行其道，好看的广告短片往往包含一个或几个小故事。这些故事不是与所推荐的产品有关，就是在讲述有关人士（用户、销售员、客服、研发产品的专家、某领域的名人等）的生活细节或重要事迹。

喜欢看故事是人类的天性。故事可以抒发人的丰富感情，可以传播各种知识和思想价值观，可以满足大众的娱乐需求，可以起到教育、启迪的作用。毫不夸张地说，讲故事是传播信息的最佳方式之一。如果你写的广告文案也自带故事性，就能让目标用户在不知不觉中被吸引。

带故事性的广告文案，可以围绕目标用户的生活来构建故事。通过努力而脱胎换骨的励志故事、暖心的情感故事、幽默滑稽的恶搞故事、发人深省的哲理故事，都可以包装你想推荐的产品或品牌。

除了以人为主角外，还可以用产品或公司当主角，创造带有故事性的广告文案。如果是以产品为主角，可以用开发产品的故事、制造产品的过程、产品改变用户生活等内容作为故事主题，提炼出相应的文案。

如果是以公司为主角，则可以在文案中加入公司创业传奇、重大危机应对、未来发展愿景等为主题的故事元素。

比如，下面这个母亲节专题广告短片，文案走的就是故事营销路线。

文案来了

蒙牛：2023 年母亲节宣传片

2023 年母亲节，蒙牛推出了一个宣传短片《同岁妈妈》，讲述了一个母亲和孩子同频成长的故事。开头的第一句文案瞬间提高了广告的立意——"妈妈的年龄，是从孩子出生那刻算起的。"接下来，短片展示了 1～26 岁的妈妈与孩子都有幼稚、挑食、爱胡闹、要强、爱美等特点。然后话锋一转"30 岁的女儿，也变成 1 岁的妈妈"，短片结尾文案送上了母亲节的祝福——"其实妈妈和孩子一样大，无论几岁，都是最好的妈妈。"

文案解读

蒙牛母亲节广告《同岁妈妈》的创意可谓新奇。第一句文案"妈妈的年龄，是从孩子出生那刻算起的"，开门见山地提出了一个全新的观点，让整个片子的立意变得很深刻，也让广告的服务对象——为家人购买牛奶的妈妈们深有感触。

广告短片的剧情讲述了妈妈初为人母时经历的诸多育儿琐

事。文案从"年龄"这个特定维度，通过一个个故事片段，形象而有力地表达了广大母亲内心的一句呼声："妈妈也是第一次当妈妈，虽然不完美，但真的很努力。"

蒙牛没有按照传统思路，讲述母亲养育孩子不易的苦情戏码，而是画风一转，用明快的节奏讲述了妈妈与孩子共同成长的点点滴滴。

比如，"1岁的妈妈也是小哭包""10岁的妈妈也会挑食""16岁的妈妈也爱胡闹""19岁的妈妈也很要强"。"同岁妈妈"的故事文案通过巧妙的"同岁"算法，让妈妈与孩子在成长中"同频"，展示了一个不同于传统母亲的多面立体的人物形象。故事隐藏的暗线是女儿从出生到26岁走入婚姻殿堂，妈妈一直陪伴在她身边，与她同频长大。

这种直面现实而不抱怨现实的故事基调，以一种和谐的亲子关系，呈现出妈妈们美好的模样，引发了母亲节主要服务对象的强烈共鸣。可见情感浓度够强的故事文案，更能打动目标用户的心灵。

文案技巧

上述案例中的故事营销，成功在真正洞察人心与真正给予关怀。一个好故事能建立产品和生活的联结点，用文案展开充满力量的情感对话。当你想要在广告文案中导入故事的时候，可以遵循"故事的黄金定律"来构思。

所谓"故事的黄金定律"，是古今中外相通的人类故事创作经验。许多小说、影视剧、动漫、游戏、广告片，虽然剧情各不相同，但往往会殊途同归地遵循故事的黄金定律。按照它的要素来写带有故事感的广告文案，才更有希望写出打动人心的东西。

故事的黄金定律，一般会包含以下 3 个要素。

（1）主人公本身（或被迫）存在某种不足。

（2）主人公怀有一个远大目标。

（3）主人公在奔赴目标的途中遭遇重重阻碍，包括生活难题或者与其作对之人。

在你撰写的广告故事中，根据主人公的选择，剧情的走向也会有极大的不同。此处的"主人公"可以是产品用户。比如，蒙牛的《同岁妈妈》广告，就是以女儿的口吻讲述了一个以妈妈为主人公的故事。

这个广告的故事架构是：一个没有经验的新手妈妈，在女儿出生后克服种种困难，与女儿同频成长，最终实现了把女儿养育成人的远大目标。广告也在讲故事的过程中巧妙地展现了蒙牛牛奶对主人公跨越障碍提供的小小帮助。

你在写其他产品的广告文案时，也可以仿照这个故事架构来构思剧情。

文案练习 29

要求：美团外卖推出了一个广告短片，讲述了主人公从学校到工作单位，从一个地方到另一个地方的生活变化。美团外卖敏锐地察觉，女孩的生活轨迹也正是她的成长轨迹，而不断增加的收货地址恰恰是她不断向前的证明。现在需要你写一句20个字左右的文案，抓住收货地址变更与个人成长变化之间的关系，鼓励广大在外打拼的年轻人努力生活，同时传递品牌价值。

你想到的第一个广告文案创意是：

_____

_____

_____

美团外卖为在外打拼的年轻人实际写的广告文案是（答案见附录）：

_____

_____

_____

代入使用场景，让用户身临其境

当你的产品有多种用途时，文案可以写多个卖点。不过，一口气罗列产品太多的用途和好处，不见得是最能打动目标用户的办法。

目标用户看广告时，一般不愿意深入思考。特别是他们在电商平台浏览广告的时候，通常处于闲散状态，没那么多耐心去看需要多想一下才能搞清楚内容的文案。你说了很多产品优势，但用户一时间想不起自己在生活中该如何使用这些产品优势。这就是你的文案跟他们沟通不到位的表现，因此，他们会找出各种理由拒绝你。

广告界有一句格言：基础文案卖产品优势，高级文案卖生活方式。

所谓"高级文案卖生活方式"，其实就是指目标用户通过产品或服务解决原有的生活缺憾，进而获得更美好、更便利的生活状态。当然，这是熟悉产品的你的认识，而目标用户的脑海里还缺乏概念。你要做的就是用文案把用户代入具体的产品使用场景，使其身临其境地体会产品带来的好处。

一句话文案高手

　　具体来说就是，你应该把目标用户使用产品的场景一、场景二、场景三加入文案中。他们一看就会感觉，原来用了这款产品，生活果真变得大不一样。当用户能想象到生活方式变美好的场景时，就会迫不及待地想把它变成现实，因此这笔交易就水到渠成了。

全联超市：经济美学广告

　　全联超市很擅长为目标用户营造消费场景，把货架商品变成生活理念的象征，推出了一套"省钱美学"。2016 年，全联超市把原先的塑料胶袋换成环保袋，引领了一波时尚潮流，并发布了一组一句话文案的街拍海报。下面是有代表性的海报文案：

　　当不成名模，日子也要过得有模有样。

　　（时尚女郎过马路场景）

　　预算是有限的，对美的想象①永远无限。

　　（画室场景）

　　快乐不是拥有得多，而是花费得少。

　　（一家人搭乘公交车的场景）

　　全联超市是台湾地区的超级市场之一。它给用户的初始印

---

① 此处的"象"，原文案中使用的是"像"，本书引用过程中做了修改。

象是"家常"和"廉价"。在很多人看来，省钱代表着抠门，生活拮据，有时候令人难以启齿。随着年青一代用户逐渐成为市场主力人群，全联超市在宣传营销方面也开动脑筋，重新包装自己的品牌文化，以求从变化的市场中突围。

通过跟著名的奥美广告公司合作，全联超市提炼出了"全联经济美学"这个新的品牌哲学，把省钱这件事变得有趣、时尚、好玩。案例中的各种文案，为目标用户营造了一个具体的日常消费场景，把货架商品变成了一种生活理念的象征。

比如，"当不成名模，日子也要过得有模有样""预算是有限的，对美的想象永远无限"和"快乐不是拥有得多，而是花费得少"，就是结合不同的日常生活场景，让形形色色的年轻人去跟目标用户沟通自己的"省钱"理念。

这些代入使用场景的"省钱美学"文案，向新一代消费主力传播了新的消费文化，把省钱从一种充满"廉价感"的消费观上升为一种生活美学，一种追求性价比的明智生活方式。全联超市借此完成了品牌形象的年轻化，受到了年轻消费群体的关注和追捧。

文案技巧

由上述案例可知，能让用户产生身临其境感觉的广告文案，才更容易转变用户的看法。可能有人会问："我怎么才能想出来那么多产品的使用场景呢？"

答案很简单。在写文案前去洞察目标用户一天的常规行程。目标用户每天都会固定去某些地方，做某些事情。比如，工作日一天的活动安排，下班回家后跟家人、朋友有什么活动。周末、小长假、黄金周、年假、春节回家时，有哪些活动，如何安排行程，要用到什么物品。

这些都是具体的生活场景，都会产生某种需求（这也正是商机所在）。在此基础上，你要仔细观察，目标用户在哪些场景中需要用到我们的产品。写广告文案的时候，你就把产品植入选好的使用场景中，描述它对目标用户的好处，能让目标用户的哪些生活细节变得更美好。

你可以生动地描述多个使用场景，让目标用户去感叹，自己在一天中能一次又一次地使用产品，获得很多细微的幸福感。全联经济美学广告文案就是这样做的。通过在文案中反复强调使用场景，目标用户最终会意识到我方产品将成为他们生活中经常用、离不开的好帮手。当广告文案能做到这个程度时，就能最大限度地激起目标用户的购买欲。

文案练习30

要求：林氏家居一直将"把家过成你想要的样子"作为自己的核心理念，通过贴近用户生活细节的广告文案从多维度真实地展开了家居为美好生活赋能的想象。假设你现在是林氏家居的广告代理商，需要写一个宣传沙发的广告文案，字数尽量控制在20个字左右。注意在文案中代入使用场景，让用户能迅速地联想到沙发对自己的生活舒适度有什么影响。

你想到的第一个广告文案创意是：

_____

_____

_____

林氏家居"把家过成你想要的样子"的广告宣传中，关于沙发的实际宣传文案是（答案见附录）：

_____

_____

_____

加上"限时限量"，效果大不一样

目标用户的时间观念没有你想象中的强。在没有任何提醒的情况下，他们即使觉得某件商品不错，也不一定会马上下单。毕竟现在市场上的商品琳琅满目，说不定过一段时间会出现更好的，因此他们往往会采用"等一等再说"的观望态度。

如果你只是被动地等待消费者开始行动，那么他们很可能一直抱着"再等一等看"的心态徘徊不前，直到被那些在广告文案中加上了"时效性"的商家给抢走。

在广告中写上"限时限量"之类的信息，是商家最常用的营销手段之一。这点跟第四章提到的"强调稀缺性"原理是相通的，只不过形式上更重视用数字说话。

当一件产品的特价优惠在 12 小时之后就要结束时，看中它的目标用户就会赶在优惠到期前下单。当一款产品以"限量版"的名义上架时，目标用户会害怕"过了这个村就没这个店"，急着把它收入囊中。

目标用户这种害怕错过实惠好物的普遍心理，就是天猫、淘宝商城经常推出限时、限量活动的根本原因。

基于这个原理，你可以试试在文案中加入一些表示时效性的词语。比如，文案中提到"最终""最后""年末"等信息，就会让目标用户购买的紧迫性大大提升。

此外，你还可以在文案中强调这是××年春季、夏季、秋季、冬季或者春节、妇女节、儿童节、母亲节、父亲节、劳动节、七夕、暑假、中秋节、国庆节等特定时段才有的优惠活动。这也是一种强调限时、限量的常见方法。

文案来了

之外创意 × 泰山原浆啤酒：凡是过往，皆为过往

2023 年，泰山原浆啤酒联合之外创意拍了一部广告短片。短片讲述了新冠疫情的 3 年，新冠疫情始于武汉，终于广州，2019 年 → 2020 年 → 2021 年 → 2022 年，全剧终。2023 年 1 月 1 日，在新年第一班"始于武汉，终于广州"的高铁上，泰山原浆啤酒将一份"新鲜"的礼物免费礼赠乘客——"只有 7 天保质期的新鲜啤酒"。这次创意活动的主题语是："2023，新鲜开始！"啤酒瓶外的吊牌上还写有文案：

全剧终。

凡是过往，皆为过往。

平常的日子正在回来，"新鲜的你"最想干什么？

文案解读

泰山原浆啤酒的核心竞争力是"只有 7 天保质期的新鲜啤酒"。其产品实力不凡，但品牌和产品在全国范围内的名气还没打开，目标用户群体的认知度不高这点限制了品牌增长。泰山原浆啤酒想在短时间内迅速提升自身品牌知名度，于是联合之外创意做了这个创意营销活动。

2023 年恰逢防疫封控结束，社会发展进入了一个新阶段，未来的一切都是新鲜的。于是，广告把泰山原浆啤酒的核心价值——"新鲜"作为主要卖点。

新年第一班"始于武汉，终于广州"的高铁，象征着疫情三年的开始和结束。泰山原浆啤酒免费礼赠乘客"只有 7 天保质期的新鲜啤酒"，并祝愿大家"2023，新鲜开始"，限时限量要素在广告中体现得淋漓尽致。这些特别赠送的"新鲜的礼物"，让列车上的乘客们感到喜出望外。

啤酒吊牌上的文案——"全剧终。凡是过往，皆为过往"，鼓励大家告别过去，一切向着新鲜的未来看。而"平常的日子正在回来，'新鲜的你'最想干什么？"这句文案，跟乘客进行了亲切的互动。乘客见状，纷纷拿起笔在啤酒吊牌上写下新年的美好愿望。

泰山原浆啤酒送出的这份限时、限量的礼物，一度登上了微博实时热门视频第二名。其啤酒的知名度和品牌美誉度也在全网得到了有效提升，线上加线下营销活动大获成功。

文案技巧

由上述案例可知，在广告中加上"限时限量"的信息，是很简单却又很有效的技巧。众所周知，目标用户在下单购买时经常会犹豫或拖延，最终可能干脆取消订单。

我们写广告文案的目标是引导他们马上下单。而"限时限量"的信息给目标用户传达了一个明确的信息——眼下的优惠是限时、限量的，一旦错过，商品会涨价或者买不到。反之，如果果断下单，就不会吃亏。当目标用户意识到"限时限量"的机会难得时，就会马上做出购买决定。

在写文案的时候，你可以有意识地把"限时限量"的优惠价格跟正式售价的差距拉大一些。其中提示"限时"的信息，最好能细致到月、日、时、分的截止时间，让目标用户意识到这项优惠政策是真诚的，不像是在欲擒故纵。提示"限量"的信息时，要注意强调产品"仅剩多少件"，这个数字要突出数量有限，而且看起来很快就能"秒空"。这样才能让目标用户产生立即下单的紧迫感。

总之，广告文案要给目标用户制造出一种优惠力度非常大且机会难得的印象。否则他们不会产生足够的紧迫感，从而继续拖延决策。

文案练习31

要求：饿了么星选发起了针对当季特色菜品的端内营销活动——星鲜季。活动的主题广告语是："春味正好，不时不食。"现

一句话文案高手

在需要你为眉州东坡的豌豆尖汆丸子写一句文案。这道菜只能用当天特供的豌豆尖,凌晨采摘,4 点开始空运,最终到达 2000 千米外的厨房。你的文案要把"限时特供"的卖点与工人采摘的辛劳体现出来。

你想到的第一个广告文案创意是:

_____

_____

_____

饿了么星选眉州东坡豌豆尖汆丸子广告实际采用的文案是(答案见附录):

_____

_____

_____

帮用户算账，引导他自愿下单

在很多情况下，一件商品的价格到底是昂贵还是便宜，主要取决于目标用户眼中的价值评估。至于这笔账怎么算，目标用户有自己的算法，很可能是算来算去最终放弃。因此，我们不能被目标用户的算法牵着鼻子走，而应该主动帮目标用户算账，用我们的算法来告诉用户确实物有所值。

目标用户一般会货比三家，你的产品价格比同类竞品高，他们就会觉得不值。但你不要直接放弃，因为产品的综合价值不光受单一的价格因素影响，还跟目标用户心中的价格锚点有关。

在说价格锚点之前，先讲一下它的心理学依据——沉锚效应。沉锚效应是一种心理现象，它是指人们对某人某事做出的判断，容易受第一印象或第一信息支配。人们最初得到的信息也许跟实际情况并不相符，但它会像沉入海底的船锚一样，把人的想法固化。

最能诠释沉锚效应的成语就是"先入为主"。目标用户在购物过程中最先看到的产品价格，就是一个"价格锚点"。他们会根据这个价格锚点，先入为主地判断其他产品的价格是否实惠。如果高于这个价位,他们就觉得贵了。反之,就会认为其他产品是便宜的。

所以,有经验的销售人员总是先让目标用户接触一个"高价",然后再以折扣之类的名义出示"低价"。这样就会让目标用户觉得好便宜、很划算。写广告文案也是如此,你要在文字中帮目标用户算账,反复强调价格已经为他们做了"减法"。这样,目标用户就更容易主动下单了。

盒马:发现简法生活

2023 年"818 大嘴节"促销活动期间,盒马发布了一部名为《发现简法生活》的广告短片。短片通过以多个场景来描述"818"优惠活动,这里的"简法"既是简单生活方法,也用谐音来暗喻给生活做"减法"。每个场景都对应了目标用户在生活中经常遇到的痛点,并用一句话文案来帮用户做减法,抛弃不好的东西,以实现简法生活。比如,下面几组文案:

生活 − 压力 = 一秒快乐

爱情 − 纯纯恋爱脑 = 人间清醒

吃饭 − 等待 = 美味立得

199 − 60 = 盒马 818 福利

199 − 100 = 盒马 818 钻石会员福利

短片最后以"818 上盒马,发现简法生活,减掉的是烦扰,加分的是美好"收尾。

文案解读

《发现简法生活》传递了希望目标客户在简单生活中收获快乐的理念，致力于把"818"这个 IP 形成目标客户的一个固定记忆。广告通过给人生做减法的方式帮目标客户算了一笔账，告诉他们什么才是简法生活。

"生活－压力＝一秒快乐""爱情－纯纯恋爱脑＝人间清醒""吃饭－等待＝美味立得"。这些文案准确地洞察了年轻人的痛点，"压力""恋爱脑""等待"对应了年轻人在生活、情感、饮食等方面的阻碍。大家过去总是对生活做加法，结果反而让自己背上了越来越多不需要的东西，变得越发身心俱疲。盒马找准了这个切入点，用一系列"做减法"的生活方式，给出了低于大家价格锚点的解决方案。这也在无形中降低了目标客户对广告的抵触心理。

而通往"简法生活"的"减法"，同时也呼应了盒马"818大嘴节"的减价促销活动。上述中的文案中的"199－60＝盒马818 福利""199－100＝盒马 818 钻石会员福利"，则通过强调这些关键信息，让目标客户形成了更加深刻的记忆。目标客户看完这些趣味的剧情后，会感到心情豁然开朗，更加心甘情愿地下单消费。

文案技巧

由上述案例可知，先在广告文案中告诉目标客户一个很贵的价格或者"消费门槛"（价格锚点），再展示我方的"低成本"解决方案，就会让对方觉得我们的东西很实惠。设置价格锚点的时候，只要逻辑合理、自洽，锚点设得越贵，促销效果就越好。如果你找不到同类产品或者同行业的"锚点"，就向其他领域寻找，再通过一个共通点进行链接对比。

设置价格锚点的用意是帮目标客户算账。如果让他们自己算账，未必会采取符合我们期待的决定。所以我们应该在广告中主动帮他们算这笔账。通常，文案可以从这两个角度帮目标客户算账。

一是平摊。比如，产品的性能和设计符合目标客户的需求，但价格比较高时，可以在文案中把价格除以使用天数，算出"一天只用花多少钱"。平摊了价格之后，目标客户就会感觉到比较划算，价格可以接受。

二是省钱。如果产品具有替代其他消费的功能，可以在文案中帮目标客户算出每年（或者10年）能帮他省多少钱。目标客户一旦意识到自己这次购物可以很快"回本"时，就会觉得物有所值。

文案练习32

要求：2017年，全联福利中心打算推出一组以"银发族"（老年人）为主角的"全联经济美学"系列海报。全联让老人们穿上白色T恤，手拿"全联购物潮包"，走了一场T台秀。广告文案会印在T恤上，内容是"银发族"的省钱智慧。你需要写三条一句话文案，把老年人常见的身体问题（如"三高"、老视、记性差）和"省钱"结合在一起，同时表达出人老心不老的劲头。

你想到的第一个广告文案创意是：

———————————————————————————

———————————————————————————

———————————————————————————

　　全联 2017 年"银发族"省钱智慧广告实际采用的文案是（答案见附录）：

———————————————————————————

———————————————————————————

———————————————————————————

请使用者背书，让用户说服用户

美国世界级广告代理商奥美集团的创始人大卫·麦肯兹·奥格威曾经说过："文案一定要随时附上推荐文。对读者来说，比起匿名文案人员的大力赞赏，他们更愿意接受和自己站在同一阵线的消费者伙伴的推荐。"（《一个广告人的自白》）

事实上，目标用户与商家在立场上天然存在对立。目标用户虽然是通过商家发布的广告来认识产品的，但他们相信广告"只会透露对自己有利的信息"，商家肯定会隐瞒部分甚至全部的真相。至于某款产品的其他用户，只要能确保不是商家找来的"托"，就更容易取得目标用户的信任。因为他们相信这些人跟自己的立场相同，所以他们的产品使用体验是真实可信的。

广告说得好不一定好，大家说好才是真的好。金杯、银杯不如用户的口碑。比如，产品评论区的好评、中评、差评，就是用户检验产品优劣的参照。相信很多人购买新产品时，第一反应也是看看用过它的人怎么说。

既然如此，我们何不把用户的口碑融入广告文案中，请产品使用者现身说法，让用户来说服用户呢？

下面这则广告，为我们做了一个示范。

携程：一件不重要的事

2023 年，携程在产品发布会上为新产品"三个榜单"发布了宣传短片《一件不重要的事》，短片从多个不同人面对的生活场景来讲述"三个榜单"的功能。每个榜单对应的文案都包含了用户的心声与榜单的功能，以下是具体的文案：

携程热点榜

@A 租房小刘：顺着网线，钓到一个热门好去处。

捕捉全球 68 万个目的地热点，帮你找到旅行灵感。

携程特价榜

@骑士李敢敢：让机票便宜 3 成，外卖就能少送 300 程。

秒级追踪千万个航班价格动态，价格降幅平均达 31%。

携程口碑榜

@老张：攻略不必老婆帮，行程照抄口碑榜。

累计 60 亿 + 行程订单数据，为你推荐靠谱路线。

文案解读

一般的广告总是说"我们做了一个什么样的产品"。携程榜单广告《一件不重要的事》却另辟蹊径，将重点放在向目标用户展示"我们的产品做到了什么"。与此同时，广告方这次一反常态，放弃了向目标用户灌输信息的做法，而是大幅度放低身段，宣称："对携程榜单来说，你的需要，才最重要。"

"榜单"类产品形式在市场中并不罕见。但携程榜单没有直接为自己达到的数据成就而沾沾自喜，反而在文案中反复强调它"不重要"，重要的是它给目标用户在出行体验上带来的细致改善。

比如，携程热点榜"不重要的事"是做到了"捕捉全球68万个目的地热点，帮你找到旅行灵感"，"重要的事"是它帮用户"顺着网线，钓到一个热门好去处"。

携程特价榜"不重要的事"是做到了"秒级追踪千万个航班价格动态，价格降幅平均达31%"，"重要的事"是做到了"让机票便宜3成，外卖就能少送300程"。

文案把目标用户的生活放在"最高级"，通过榜单用户的"重要的事"来表达了对广大目标用户的尊重。大家看到这些真实用户的现身说法，更愿意相信携程榜单确实好用了。

文案技巧

由上述案例可知，让产品使用者背书的文案创作思路，既能赢得目标用户的信任，又可以激发他们的购买欲望。这个办法本质上还是利用了人们的从众心理。如果"使用过产品的人"都说好，并且他们的说辞真实、可信，就会让目标用户放心下单。

写这种广告文案时，有两个方向可参考。一个方向是像携程榜单广告《一件不重要的事》这样，从第三方视角来描述目标用户是怎样用产品解决生活痛点的。这个创作方向需要你能真正做到代入用户的生活场景中，准确地捕捉生活细节，形象地描述产品带来的良好体验。换言之，要站在用户的视角来表达用户可得到的好处。

另一个方向则更简单，易操作，那就是在相关产品的品牌社群或售后评论中精心挑选生动、有趣的用户留言，将其转化为广告文案的一部分。说白了就是用已有用户的真实好评来说服其他目标用户相信产品确实好。

采用这种文案创作思路时要注意，你挑选的用户好评，必须有代表性，能击中广大目标用户的核心需求——目标用户花钱最想满足的需求。唯有这一类好评是能起到说服作用的。如果实在找不到准确的用户好评，还是用前一种方法写文案比较妥当。

文案练习33

要求：2023年，Soul App 发布了一组以"我和搭子有点搭"为主题的海报。这些反映的是年轻人在不同情景下找"搭子"的内心活动。寻找"搭子"可能是因为兴趣相投，也可能是为了一时方便，但是双方一见如故的喜悦心情都是真挚的。其中有一张"找游戏搭子，就上 Soul"的海报，需要你以游戏玩家的口吻，写一句表达"我和搭子有点搭"的真情流露型文案，文案控制在30个字以内为宜。

你想到的第一个广告文案创意是：

_____

_____

"找游戏搭子，就上 Soul"海报实际采用的文案是（答案见附录）：

第六章

学会『玩梗』借势，借助热门的力量火出圈

传统节日"玩梗"：
从习俗中寻找共鸣的力量

　　每一个传统节日，我们都能看到各路商家各显神通，展开一场场比拼广告创意的营销大战。

　　无论是春节、元宵节、清明节、端午节、七夕节、中秋节、重阳节、冬至、腊八节、小年等中国传统节日，还是妇女节、劳动节、儿童节、国庆节、母亲节、父亲节、圣诞节等现代节日，都各有其历史文化渊源与特定的习俗，对老百姓的日常生活影响很大，也顺势形成了特定商品的消费市场。

　　如果你对此视若无睹，不做新的节日主题广告，就会错失无数商机，白白让竞争对手扩大市场影响力。

　　不管你从事什么行业，都可以根据每个节日的习俗来玩梗借势营销。有节日特供产品的就借势做销售广告，产品跟节日本身的关系不大，也可以做一个节日主题的品牌广告，以便与大众共情，提高品牌的美誉度。

比如，下面这个广告案例，就是一个从节日习俗中寻找共鸣力量的好例子。

文案来了

乐事薯片：有家就有乐事

2024 新春将至，乐事薯片与人民日报共同在微博发起征集活动，鼓励大家分享自己的春节"乐事"。乐事薯片的消费者分享了形形色色的"小家团聚"场景，用温暖的文字表达了微小的幸福体验。下面是人民日报官方微博上分享的部分春节"乐事"文案：

有家，有麦芽糖的甜蜜，就有乐事。

这一抹香甜，是我心中不可或缺的年味儿。

（糖画手艺人）

有家，有吉祥平安，就有乐事。

薄薄的大红纸，寄托着流传千年的美好祈愿。

（剪纸手艺人）

文案解读

乐事这次新春营销，走的是小故事唤起大共鸣的路线。通过千家万户"小家团聚"的温馨场面，共情全民的情绪。该征集活动介绍了形形色色的"小家团聚"场景，人情味和烟火气很浓，很好地呼应了春节的喜庆氛围。

　　这次营销活动减少了品牌流露，而是把品牌名称（乐事）变成形容词，化作了一组朗朗上口的文案填空题："有家，有 _____，就有乐事。"让每个"小家团聚"的故事都得到了一句"量身定制"的新年祝福。

　　"有家，有麦芽糖的甜蜜，就有乐事。"

　　"有家，有吉祥平安，就有乐事。"

　　将这些文案自然融入不同职业的用户的生活里，成为生活场景的一部分。它们抓住了集体情绪的出口，顺利地与大众建立情感共鸣。用户一看到"有家……就有乐事"，就能马上联想到过年和家庭团聚。

　　在这场全民性的互动热潮中，乐事产品渗透到了各个新春场景中。这样，"有家就有乐事，过年就要吃乐事"的品牌记忆点被不断加强。

文案技巧

　　在这个碎片化传播的时代，品牌推广必须坚持长远思维，才能让品牌在层出不穷的热点中长盛不衰。节日营销就是一个商家必争的战场。那么，如何才能在各个节日通过玩梗出圈呢？

　　首先，充分了解传统节日习俗，吃透节日的文化背景和大众情感诉求。

　　比如，各大商家最重视的新春营销广告，无不是在"年味"和"团圆"等关键词上做文章。你写文案时要把视角聚焦到大众对"小家团圆”的情感诉求上，让目标用户从字里行间感受到“陪伴”和“关爱”的温暖。

其次，你要把产品品牌与相关的传统节日习俗进行深度融合。

简单来说就是，在广告文案中尽可能地把产品包装成“节日氛围”的一部分，让目标用户觉得少了它就索然无味。最好是让目标用户把使用产品变成节日活动中的一种仪式感，从而每次过节都进一步夯实这个场景记忆。

━━━━━━━━**文案练习34**━━━━━━━━

要求：2024年初，淘宝策划了一部有关春节返程主题的宣传片《家乡宝贝，请上车》。这个广告短片聚焦于游子们在节后离家踏上返程之前，父母把家乡特产装满他们汽车后备箱的生活细节。家乡特产就是家乡宝贝。现在需要你写一句文案，把“后备箱”作为焦点，营造出一个春节返程的巨大情感共鸣点。文案控制在25个字以内为宜。

你想到的第一个广告文案创意是：

_____

_____

_____

淘宝春节短片《家乡宝贝，请上车》实际采用的主题文案是（答案见附录）：

_____

_____

_____

热门话题"玩梗":
为全民狂欢提供情绪价值

在流量经济风行的今天,互联网上每一个热门话题,都会变成广大商家借势营销的戏台子。

因为互联网流量的杠杆效应是惊人的。它可以让一家知名企业一夜之间市值缩水好几亿元,也可以让一个名不见经传的小人物突然变成众人关注的大"网红"。从本质上讲,流量就是全民狂欢的能量。谁能把这股巨大的能量引到自己身上,谁就能在一段时间内赢得全民关注,宣传营销效果成倍上升,造就风靡一时的爆款。

尽管大众讨厌不择手段地吃流量的商家,但也习惯了用流量思维去看问题。如果自己认可的某个人或者某座城市没有把突然爆火的流量转化为效益,就会被大众嘲笑是"接不住这泼天的富贵"。无论喜欢与否,没人能忽视热门话题带来的商业价值。

那些借热门话题"玩梗"的广告,都会吸引全民参与。其成功的奥秘在于为大众提供了情绪价值。至于那些玩得过头了的跟风者,恰恰是在情绪价值上给大众增加了不愉快。那么，我们在写热门话题"玩梗"的文案时，该怎样把握这个分寸呢？且看下面这个抓住热门话题打赢营销翻身仗的广告案例。

蜂花："国货商战"的佼佼者

2023 年，某顶流带货主播在直播间说 79 元的花西子眉笔不贵，让大家反思自己的工资为什么没有涨，是不是工作不努力的下场。此举激怒了广大网友，并很快上了热搜。国产美妆品牌蜂花第一时间发了一条文案：

不管工资涨没涨，反正蜂花没涨价，79 的眉笔在蜂花直播间能买到什么。

蜂花在直播间推出了各种 79 元套餐，结果官方账号一晚上涨了 5 万多粉丝，直接卖断货了。蜂花主动把这些流量引给其他国货品牌。于是，多个"老品牌"国货纷纷加入战场，掀起了一场国货抱团营销的浪潮。

文案解读

那场顶流带货主播直播翻车事件闹得沸沸扬扬，但花西子品牌意外地没有频繁上热搜，反而是国货商战上了热搜。冲在最前面的国货老品牌蜂花，打出了借势营销的"第一枪"，很快吸粉无数。

　　蜂花在直播间发话："不管工资涨没涨，反正蜂花没涨价，79的眉笔在蜂花直播间能买到什么。"这句广告文案写得相当有内涵。

　　文案的后半句"79的眉笔在蜂花直播间能买到什么"，通过价格对比展示了自己推出的优惠套餐。这句话把79元变成了一个价格锚点，一下子就反衬出老国货的划算。蜂花的"神操作"招招打在对手的"要害"上，为目标用户提供了足够的情绪价值。

　　令人感叹的是，蜂花和其他参与热点营销的国货品牌没有止步于蹭热度，而是发起了一场国货抱团营销的热潮。各个国货品牌在直播间彼此连麦互动，为"友军"的产品带货。这种国货品牌互帮互助的罕见画面，唤醒了人们的怀旧情怀，也让年轻人感动不已。就这样，众多国货品牌借这次热点互助共赢，打了一次漂亮的营销翻身仗。

文案技巧

　　通过上述案例可知，热门话题"玩梗"营销的成败取决于公众对你的态度。如果你站在了公众的对立面，使他们心里不愉快，就会失去积累多年的人气。反之，你要是在热点中顺应了大众的集体情绪，用文案帮他们创造一个新的情绪出口，就能收到惊人的回馈。

　　为此，你应该在看清楚当前热点形势后再下场，抓住机会迅速地推出走心文案（可结合第三章提到的各种技巧来组织语言），参与到全民狂欢中。只要不站错方向，广告宣传的效果就会相当可观。

━━文案练习35━━

要求：卫龙打算利用网络流行词"显眼包"来推出一系列周边产品，并制作一则好玩的"显眼包"周边产品广告。假设你是卫龙的广告代理商，对方非常注重"网感"，要求你在文案中突出"显眼包"相关的关键词，最好能把网络热评段子改编进来，字数尽量控制在15个字左右。

你想到的第一个广告文案创意是：

_____

_____

_____

卫龙"显眼包"周边产品广告实际采用的文案是（答案见附录）：

_____

_____

_____

历史人物典故"玩梗"：
来一场超时空对话

中国的历史名人典故浩如烟海，是文学艺术创作中无穷无尽的宝库，也是广告文案一大优质创意素材来源。这是中国广告文案创作者的先天优势，外国优秀同行很难在这方面跟我们比拼创意，我们应当好好地利用这笔财富。

不过话说回来，日本、美国的广告公司曾经就因为乱用中国文化元素，得罪了中国的目标用户，在中国市场上遭遇"滑铁卢"。由此可见，广告要是对中国历史名人典故进行生搬硬套、生吞活剥，就很容易闹笑话、惹争议，从而先伤害目标用户的感情，后损害品牌的名声。

我们现在来看一个把历史名人典故与当代社会问题巧妙地结合在一起的成功案例。

文案来了

中国平安：《我们的答案》

2020 年是中国脱贫攻坚战的收官之年。2012—2020 年，中国农村贫困人口累计减少 8239 万人，贫困发生率从 2012 年的 10.2% 下降至 1.7%，中国对世界减贫贡献率超过 70%。

中国平安为宣传金融科技助力 3000 年来首次消除贫困的伟大时刻，推出了一部宣传短片《我们的答案》。

短片中东汉史学家班固、唐代诗仙李白和诗圣杜甫、楚国诗人屈原的扮演者先后出镜，短片借用四位先贤之口对农民的贫苦发出了一场穿越时空的"千年之问"。中国平安则以脱贫攻坚战的成果，逐一回答了历代先贤的疑问，并在最后总结道：

家国平安的中国，

就是我们的答案。

文案解读

中国平安《我们的答案》短片的创意落脚点是古代先贤发出的"千年之问"，文案充分化用了著名历史人物及其经典作品。比如，班固写下"谷贱伤农"，衍生出一问："什么时候，辛劳的农民有收获保障？"

李白写下"蜀道之难，难于上青天"，进而衍生出一问："什么时候，这闭塞的大山才能连通八方，告别苦寒？"

> 杜甫写下"安得广厦千万间，大庇天下寒士俱欢颜"，文案创作者顺势推出一问："什么时候，百姓能皆有安居，风雨不动安如山？"
>
> 屈原写下"长太息以掩涕兮，哀民生之多艰"，化作一问："什么时候，百姓的生活可以不再艰难？"
>
> 这些"千年一问"涉及了农业荒歉、交通闭塞、居住困难、生活贫苦等问题。中国平安围绕这些问题，展示了自己以金融科技助力脱贫攻坚事业的成果——住有所居、学有所教、病有所医、劳有所得的现代中国。
>
> 这场超时空对话体现了中国人自古以来对美好生活的坚定追求，也传承了历代先贤关心民生、励精图治的情怀。"家国平安的中国，就是我们的答案"这句文案，不仅呼应了短片名称《我们的答案》，还把中国平安品牌与"家国平安"的人民心愿结合在一起，让整个广告的境界变得更加高远。

文案技巧

由上述案例可知，在广告文案中加入历史人物典故元素，既能体现浓浓的中国特色，又可以让广告立意达到更高的层次。

写这种题材的广告文案，想象力必须丰富，不必一板一眼地照搬历史原型，但切记玩历史梗时不要挑战公序良俗、公众情感，不要颠倒基本的历史是非。在坚守底线的前提下，玩历史名人典故梗可以从三个方向着眼。

方向一：找到与产品特质和品牌文化相契合的历史名人典故，在文案中强调品牌文化的深厚底蕴。

方向二：拿古人的趣事、糗事"玩梗"，在无厘头互动中顺势植入品牌或与产品形成呼应。

方向三：让古人与今人来一场超时空对话，找到古今相通的精神情感力量，提供给用户足够的情绪价值。

——文案练习36——

要求：春天到了，饿了么星选抓住大众对于春鲜美食的渴望心理，发起了针对当季特色菜品的营销活动——星鲜季。为了提升活动的文化内涵，饿了么星选要求你化用"不时不食"（"不时不食"出自孔子《论语·乡党第十》，意思是吃东西要符合时令季节，到什么时候就吃什么东西）的典故，写一句8个字的文案作为主题广告语。

你想到的第一个广告语创意是：

_____

_____

_____

饿了么星选"星鲜季"实际采用的主题广告文案是（答案见附录）：

_____

_____

_____

影视小说文学"玩梗":
致敬经典,巧构联系

影视小说的受众范围很广,本身自带了可观的流量。而且现代的读者和观众普遍喜欢根据影视小说进行二次创作,制造新的热点话题,并组建粉丝社群凝聚广大爱好者,相互分享二次创作的快乐。

所以,他们不会排斥广告文案玩影视小说相关的梗,反而因为爱屋及乌,乐于看到此类具有创意的花样翻新。只要你设计的"玩梗"内容符合他们的口味,满足了他们的情怀,就能取得良好的营销宣传效果。

有些广告文案高手平时就涉猎广泛,熟悉很多影视作品的经典桥段,阅读过不少人气小说,能够找到最佳的"玩梗"营销方式。他们在构思联名产品广告文案时,会注意把产品属性或品牌文化属性融入影视经典 IP 中。

比如,2020 年是经典影片《大话西游》上映 25 周年。美的集团联名《大话西游》,推出了四款联名电饭煲。这四款电饭煲融入了电影元素，深度结合了电影主角的性格特征。短片还用经典台词设计的文案拉开故事的序幕——"25年后，是谁踏着七色云彩来到你身边？"这种深度绑定影视经典IP的广告，吸引了众多目标用户为情怀买单。

下面这个案例的创作思路与美的广告有所不同，但同样靠玩好影视IP梗获得了流量。

舒化安糖健：底气

2024年2月9日，舒化安糖健发布了一部广告短片《底气》，主角是在热播电视剧《繁花》中扮演"爷叔"的演员游本昌。爷叔是男主角阿宝的师父，也是阿宝一步步成为宝总的后盾。游本昌在短片《底气》中以爷叔的造型，道出了年轻人的三种底气——年轻、身边的亲者、身体。

他谈到身体时，爷爷爱护孙辈的视角，共情了那些为了工作加班熬夜的年轻人。台词文案是：

好的身体，

未必会给你带来惊喜。

身体不好，多少就会向你收点利息。

健康的债，欠起来容易，还起来可就麻烦了。

他随后分享了自己的养生秘诀是"喝点牛奶，保证营养，善于休息，就都能稳住你的状态"，将产品的卖点融入长者的谆谆教诲中。

文案解读

作为 2024 年首部爆款电视剧，《繁花》是成功的，其热度持续影响了众多品牌的营销。其中，老艺术家游本昌老师扮演"爷叔"，是《繁花》里人气最高的角色之一。社交平台一度疯狂转发爷叔的剧照，并配上文案："转发这个'爷叔'，新的一年你就会遇到一位贵人。"

舒化安糖健从这个现象中察觉到，人们都渴望有底气来面对工作和社交上的压力，有个爷叔一样的贵人来为自己指点迷津。广告商请"爷叔"游本昌来做代言人，果然吸引了无数喜爱这个角色的目标用户。

广告文案从三个维度来讨论底气。德高望重的爷叔以自己的亲身经历为切入点，指明了年轻人的三个底气来源：年轻、身边的亲者、身体。舒化安糖健产品的功能支持点，恰恰落在这第三份底气"身体"上。

"爷叔"扮演者游本昌用一种朴素又直白的经验来告诉大家："好的身体，未必会给你带来惊喜。身体不好，多少就会向你收点利息。健康的债，欠起来容易，还起来可就麻烦了。"

这些文案颇有《繁花》台词的风格，也非常符合《繁花》中爷叔作为老牌商战专家的人物设定。而且游本昌虽已年过九旬，却依然精神矍铄。他分享的养生经验也具有较好的说服力。由于有了这一层铺垫，观众看到产品介绍时非但没有反感，反而觉得品牌方把路走宽了。

📚 **文案技巧**

由此可见，影视小说文学作品本身自带很强的感染力，只要运用得当，就能迅速地让观众找到自身需求与产品之间的关联。想要在广告文案中玩好影视小说文学梗，除了平时广泛涉猎文学作品外，最重要的是以下两点。

1. 捕捉时下的流行元素与大众情绪

简单来说就是，搞清楚现代人最关心的流行元素，处于何种情绪状态。其中，流行元素可以从当下的热播剧或者热门读物中寻找。在上述案例中，《繁花》让广大观众都渴望遇到自己生命中的"爷叔"，而这一点被舒化安糖健通过广告文案发挥到了极致。

2. 找到合适的"玩梗"代言人

影视小说文学作品"玩梗"，往往出自经典角色在经典桥段中的经典台词。找到合适的出镜人物，用类似经典台词的风格写文案，在广告剧情上致敬经典桥段，是一个可行的办法。但如果找的人不合适，那么再好的文案也发挥不了作用。

文案练习37

要求：洽洽香瓜子推出了红楼梦系列新包装，并为此制作了一部以去《红楼梦》里"嗑CP"为主题的趣味广告短片。短片再现了电视剧《红楼梦》里贾宝玉与林黛玉等欢聚一堂的场景，并以"磕CP"的二次文化梗与"嗑瓜子"的行为联动。现在需要你为这个广告短片写一句主题文案，将"洽洽"品牌与"磕CP"、红楼梦三个元素结合在一起。文案要简短有力，朗朗上口。

一句话文案高手

你想到的第一个广告文案创意是：

＿＿＿＿＿＿＿＿＿＿＿＿＿＿＿＿＿＿＿＿＿＿＿＿＿＿＿＿＿＿

＿＿＿＿＿＿＿＿＿＿＿＿＿＿＿＿＿＿＿＿＿＿＿＿＿＿＿＿＿＿

＿＿＿＿＿＿＿＿＿＿＿＿＿＿＿＿＿＿＿＿＿＿＿＿＿＿＿＿＿＿

洽洽香瓜子红楼梦系列新产品广告的实际主题文案是（答案见附录）：

＿＿＿＿＿＿＿＿＿＿＿＿＿＿＿＿＿＿＿＿＿＿＿＿＿＿＿＿＿＿

＿＿＿＿＿＿＿＿＿＿＿＿＿＿＿＿＿＿＿＿＿＿＿＿＿＿＿＿＿＿

＿＿＿＿＿＿＿＿＿＿＿＿＿＿＿＿＿＿＿＿＿＿＿＿＿＿＿＿＿＿

二次元文化"玩梗"：
动漫游戏唤醒青春情怀

在写广告文案时，其实甲方的想法可能没你想的那么复杂。他也许只是希望你能把动漫作品的经典桥段改编成广告短片的剧情，同时把某一句他觉得很棒的经典台词改编成核心文案。

那些脍炙人口的动画、漫画和游戏，是二次元文化爱好者的精神食粮。其经典剧情和经典台词堪称激发创意灵感的宝库。我们随便列举一些高人气动漫作品的经典台词，看看能如何与产品、品牌、赛事、社会活动进行组合。

动画电影《风之谷》："你不能改变命运，但你可以选择原地等待，或是，勇敢面对。"（把这句台词放在马拉松广告中，是不是很应景？）

动画电影《幽灵公主》："到不了的地方都叫作远方，回不去的世界都叫作家乡，我一直向往的却是比远更远的地方。"（把这句话改编一下，就是不错的旅游宣传语）

漫画《火影忍者》："有思念你的人在的地方，就是你的归处。"（春节主题广告可以仿照这个来造句）

游戏《第五人格》："搜寻每一处角落，需要的不仅仅是勇气。"（这句台词可以用来引出每一款产品）

总之，动漫、游戏经典台词都可以作为参考，帮助我们写出新的文案金句。比如，下面的案例就充分结合了奥特曼这个二次元文化大 IP。

文案来了

夸克 × 奥特曼：这个夏天一起相信光呀

2023 年夏天，夸克 App 联合奥特曼拍了一部叫《这个夏天一起相信光呀》的短片。开头第一句文案发出疑问：

你还相信光吗？这个世界好像真的没有奥特曼吧。

短片接下来展示了职场白领和学生人群在现实中遇到的难题，随后话锋一转，巧妙地融入了奥特曼打怪兽和用夸克 App 搜索答案的场景，并传达了核心理念：

其实每一个人都能靠自己的力量变成光的。你也变成了不是吗？

短片结尾文案是：

夸克 App，陪你成为光之继承者，智能搜索精准无广告。

 文案解读

奥特曼是风靡全球的日本二次元文化大 IP，夸克 App 跟奥特曼进行联动，可谓强强联合。

在很多影迷眼中，奥特曼总能在各种逆境中给怪兽致命一击，是坚韧不屈、顽强战斗的象征。经典台词"你要相信光"就是奥特曼精神的最好诠释。然而在现实中，职场人士面对工作、生活的困难，学生遭遇学习的瓶颈，都深深地感到无力。短片开头文案"你还相信光吗？这个世界好像真的没有奥特曼吧"，精准地抓住了职场白领和学生群体的痛点。

《这个夏天一起相信光呀》颇具创意地把大家用夸克搜索答案和奥特曼打怪兽结合在一起。奥特曼通过打怪兽为地球人带来一束光。夸克App凭借其强大的搜索功能，帮助用户们精准、高效地解决文件整理、健康搜索、资源存储、学习答疑等常见难题。这也是给每一个职场白领或学生人群带来一束高效之光。

"其实每一个人都能靠自己的力量变成光的。你也变成了不是吗？"这句文案，既是奥特曼一以贯之的精神，又是夸克App对用户群体的激励。

而"夸克App，陪你成为光之继承者，智能搜索精准无广告"这句文案，前半句的"光之继承者"引爆了奥特曼影迷的情怀，后半句凝练地概括了产品价值。

文案技巧

优秀的动漫游戏作品往往能聚集大量二次元文化爱好者。他们同样会遇到很多工作、生活、学习上的痛点。如果你写的广告能恰到好处地打好二次元文化的牌，就能迅速地引起这类目标用户的强烈共鸣。

为此，你在平时就可以建一个文件夹，专门用来搜集各个经典动漫游戏的台词、剧情梗。你还应该经常参与二次元文化社区和社群，了解他们感兴趣的热门话题。

写文案的时候，像上述案例一样直接援引其经典台词便是一种办法。不过，你最好还是多一点二次创作的意识，在经典二次元文化的基础上想出新的名言金句。

总之，这种文案创作思路成功的关键在于，打破现实生活与二次元文化的"次元壁"，给这些喜欢二次元文化的目标用户提供情绪价值。

——文案练习38——

要求：2021 年 3 月 27 日，京东游戏娱乐开启"电竞博物志，游戏粉丝日"，同时发布了一部品牌宣传短片。短片展示了电竞游戏与新文创的交融，邀请游戏用户玩出另一个世界，一起谱写新的"电竞游戏英雄传说"。现在需要你写一句20个字左右的文案，把"电竞好物"植入短片中，同时表达出"古人与今人对爱好的情感相通"的品牌态度。

你想到的第一个广告文案创意是：

_____

_____

_____

　　京东游戏娱乐"电竞博物志，游戏粉丝日"短片实际采用的主题文案是（答案见附录）：

_____

_____

_____

方言地域文化"玩梗":
一网打尽乡土风情

　　中国的方言数量和种类非常丰富,但是大多数中文广告文案是用普通话写的。因为普通话是中国官方通用语,其最大的优点就是全国各地的目标用户都能听得懂,不容易出现沟通障碍。可是换个角度来看,普通话超然于中国各个地域方言之上,其共性多于个性,不如各地的方言那么丰富多彩。

　　用方言写文案看似稀松平常,却可能让你的广告文案和竞争对手的拉开差距。因为绝大多数产品的市场并没有大到能覆盖全民,其目标用户群体一般在性别、职业、年龄、受教育程度、籍贯、经历等方面有鲜明特点。其中,籍贯是划分消费人群的一个重要标准。

　　不同地区的目标用户对同一款产品的看法,会受到其所在地区的地域文化观念的影响。同一个产品的广告文案,可能会让东北目标用户感到很亲切,却让广东、福建的目标用户难以共情。

　　为此,我们在构思广告文案的时候,应该充分结合当地市场的地域文化特色。如果能在文案中加上一些地区方言词汇,或者整句文案都按照方言风格来写，就能一下子拉近与当地目标用户的心理距离。

因为比起常规的普通话文案，方言明显更贴近人们的日常生活，烟火气更浓，更利于传达只有当地目标用户才能意会的细腻语感。此外，如果我们接到的广告任务是向全国市场推广地域文化，同样需要用大众熟知的方言梗来制造话题。下面这个广告案例，就是靠方言地域文化梗出圈的。

文案来了

福建省文化和旅游厅：来福建，好舒服

2023 年 7 月 10 日，福建省文化和旅游厅打造的 2023 年全新文旅创意宣传片《来福建，好舒服》正式上线。这则短片分为四个部分，分别以清新、烟火气、舒服、慢生活为关键词，其中"烟火气"篇和"舒服"篇运用了方言地域文化梗。

"烟火气"篇结合了当下短视频中流行的"影视解说风"AI配音和网络热点话题"特种兵式旅游"，跟着游客大学生樊任欣和其同学小美的视角体验了福建各地的人情味和烟火气。短片用"人间烟火气，最抚凡人心"玩了个谐音梗，大学生"樊任欣"恰好与"凡人心"同音。

"舒服"篇则由福建省文化和旅游厅一级巡视员吴立官一人分饰两角，介绍福建特色小吃"口口酥"和"锅边糊"。该篇给这两种食物分别起昵称"酥酥""糊糊"，并结合福建口音普通话的"舒服"玩了个方言谐音梗。

文案解读

　　《来福建，好舒服》在短时间内就凭借有趣的创意强势破圈。根据福建文旅公众号数据，这部于 2023 年 7 月 10 日上线的短片，截至 2023 年 7 月 14 日就获得了超 2.7 亿人次的播放量，并且很快在 B 站以话题"#福建史上第二搞笑广告#"登上热搜。

　　广告的成功之处在于从多个维度展现了福建的烟火气与闲散舒适的生活环境。特别是采用了无厘头但网友喜闻乐见的谐音梗，把福建的烟火气和舒服的生活方式表现得淋漓尽致。

　　比如，"烟火气"篇为了玩谐音梗，就给主人公取名为"樊任欣"。该篇章结合了当时网上热门的"特种兵式旅游"和"影视解说风"AI 配音，以樊任欣和朋友的穷游为线索，把福建的人文风景、市井美食贯穿在一起。

　　这种风土人情展示是常见的广告手法，但短片设置了一个悬念——当地的人都伸手抚摸樊任欣的胸口，然后用"人间烟火气，最抚凡人心"这句文案揭晓答案，原来是个谐音梗的冷笑话，逗得观众乐不可支。

　　"舒服"篇则借由文旅厅官员分饰两角出演，在工作状态与日常生活两种不同风格之间来回切换，唱起了魔性洗脑的"酥糊 BGM（背景音乐）"。这两种福建小吃在亲切的福建乡音加持下，让短片更接地气，也更创意十足。不愧是"福建史上第二搞笑广告"。

文案技巧

《来福建，好舒服》这部广告短片把方言地域文化梗玩到了极致，有许多可借鉴之处。如果你也想用这种思路来写文案，那么需要做好以下两点。

1. 真正去了解目标市场的地域文化背景

玩方言地域文化梗是一种很接地气的宣传手法。但一个常见的错误就是，在互联网上随便搜一些关于地域刻板印象的旧梗，就不加分辨地拿来讨好当地目标用户。殊不知，当代人也许早就厌烦了外地人加在自己头上的刻板印象，反而可能会因为这类梗而对其推广的品牌进行抵制。

2. 处理好地域特色和全民传播的关系

玩方言梗最大的好处是能搞出不一样的特色。但每个地域的方言文化还是本地人最能理解。而广告是面向全民传播的，要注意降低其他地方的目标用户的理解门槛，必然是以普通话语境为主。所以，在文案中玩方言地域文化梗，应该找那些特点鲜明且利于传播和共情的元素（比如，那些让当地人感到自豪，且其他地区的人也久闻大名的地域文化元素），否则，就变成了单纯的自娱自乐。

----**文案练习39**----

要求：快手500个家乡短片之《心里慌，来许昌》，洞察到当代人为职场"内卷"而苦闷，因优绩主义而焦虑的困境。短片开头说"我认识好多紧张、焦虑、吃不香、睡不好的人，因为他们从来没有来过许昌"，随后为游客设计了一条治愈的旅游线路——如何用3000元，做一个月的许昌人。现在需要你想一句15个字左右的

一句话文案高手

文案，用"许昌"这个地名玩梗，突出当地人生活的惬意与快乐。

你想到的第一个广告文案创意是：

_____

_____

_____

快手短片《心里慌，来许昌》中用地名玩梗的实际文案是（答案见附录）：

_____

_____

_____

第七章

找不到灵感时，试试这些文案创新思路

一语双关的谐音永不过时

　　"一语双关"指的是一句话包含两个意思，即表面上一个意思，而暗中又藏着另一个意思。这种修辞手法常被灵活使用，以达到讽刺、夸赞等效果。在广告文案中运用一语双关的手法，往往能让商业宣传多几分含蓄、幽默、浪漫、巧妙的韵味。

　　我们先来看一些不同类型的一语双关式广告文案。

　　长虹电器的广告文案"长虹——中国人心中的彩虹"，此处的"长虹"既是指长虹电器品牌，又用其把产品比喻为中国用户心中的彩虹。这是采用比喻手法的一语双关。

　　杜康酒广告引用了曹操诗歌中的名句——"何以解忧？唯有杜康。"原诗中"杜康"是指中国古代传说中酿酒的发明者。而广告语中的"杜康"又暗藏了杜康酒品牌的意思。

　　某打字机广告文案引用了成语"不打不相识"。此处的"打"一语双关，原意是打架，暗藏的意思是"打字"。

　　联想电脑广告文案"人类失去联想，世界将会怎样"，其中的"联想"包含了想象力和联想品牌两层含义。

相比之下，更常见的还是通过谐音梗来制造一语双关的效果。广告语中的谐音双关必须把产品相关的新意义和原有词义组合在一起，互相辅助，才能增加语义的信息量。这种谐音双关广告不仅能突出产品的特点，还能让目标用户迅速地联想到同音字的原意。如此一来，他们对广告的印象就会更加深刻。

下面的广告案例，就是使用谐音双关赢得了产品用户的好感。

文案来了

百度营销 × 沃尔沃："十一"出行温情短片

2023 年国庆黄金周，百度营销与沃尔沃联合打造了一部关于"十一"出行 AI 的温情短片。短片由真实故事改编，以三位车主的经历引出了三个现实生活中的痛点，随后把生成式 AI 加入其中，宣传了由所爱之人为你定制的 AI 导航语音包和 AI 个性化定制路线与出游攻略的解决方案。短片巧妙利用了"AI"与"爱"的谐音梗，写出主题文案：

给这个世界再加点 AI（爱）。

文案解读

百度营销 × 沃尔沃联手打造的广告短片，推荐的产品是生成式 AI。经过 AI 大数据分析的导航，可以有效地提高目标用户的行车安全，减少事故的发生。这种生成式 AI 最大的特点就是，可以根据家人的喜好自主生成，个性化定制路线，让 AI 一路伴你安全出行。

广告为了更好地表达"AI 导航更懂你"这个主题，利用谐音梗写下核心广告语——"给这个世界再加点 AI（爱）。"AI 是人工智能的英语单词缩写，但同时也可以视为汉语拼音"ai"的大写，恰好就是"爱"的读音，从而构成了一个一语双关的谐音梗。

"给这个世界再加点 AI（爱）"这句广告语，充分体现了沃尔沃品牌 AI 技术在行驶安全上的尝试，也很好地诠释了生成式 AI 安全产品对每一个家庭成员的"爱"。这让广告变得温情十足，令科技深入人心。

文案技巧

你在写文案的时候，可以从下面三个维度来构建一语双关的谐音梗。

1. 同形的谐音双关

同形的谐音双关使用的是汉语词汇中的多义。一般是在文案中使用同一个多义词，构成了特殊的同字形的谐音双关。比如，前面提到的几个广告中，"长虹""杜康""联想"和"不打不相识"的"打"都包含了双重含义，构成了同形的谐音双关。

2. 异形的谐音双关

异形的谐音双关就是用同音异义字代替原有词汇中的某个字，使之与品牌对应产品的外观或性能形成呼应。比如，有一家热水器的广告文案，把成语"随心所欲"改成了"随心所浴"，让人一看就能明白用这款产品洗热水澡很方便。

3. 完全谐音

指产品名称与用途或其他方面跟某个词汇有一致性。比如，"美的"空调的"美的"，暗含了空调确实是美好的意思。

──────**文案练习40**──────

要求：天猫打算借用行李运输机的转运、转机、提取，以"天猫好运提取处"的名义创作一组好玩的广告文案，给大家送去生活中的祝福，从而增加对品牌生活化的好感度。现在需要你使用一语双关的谐音梗，传达"天猫好运提取处"送祝福的美好寓意。

你想到的第一个广告文案创意是：

_____

_____

_____

"天猫好运提取处"实际采用的文案是（答案见附录）：

_____

_____

_____

想不出好词好句，就看看诗词、谚语

如果你写文案时想不出好词好句，就看看古代的诗词和民间流传的谚语，相信你一定会大有启发。

诗词凝聚了历代文人墨客的心血，其文字能给大众一种优美、风雅的艺术韵味。而谚语沉淀了无数劳动人民的智慧结晶，其语言往往平白易懂、灵活俏皮，有很好的改编潜力。在文案中加入这些元素，通常有三个方面的好处。

首先，诗词和谚语一般都是广为人知的，在广大用户中本身有较高的认知度，利于降低营销信息的传播成本。

其次，产品品牌可以借助诗词、谚语本身的文化内涵，构建自己的品牌个性，形成鲜明的品牌价值记忆点。

最后，那些化用诗词、谚语的文案，比较容易产生新的创意。

正因为如此，无论是国内厂商还是外国厂商，都不缺乏化用诗词、谚语的经典广告文案。下面的广告案例超出了一般的借鉴诗词、谚语的做法，大胆地把广告文案写成了"十一行诗"。

文案来了

高德地图 2019 年国庆文案"十一行诗"

2019 年"十一"黄金周，高德地图策划了"101 全民出行节"，以"十一去旅游"为主题，推出了一组"十一行诗"海报，让更多用户感受到旅行的美好，愿意去更大的世界看一看。下面是其中一张海报的文案：

山不理你，

树不想你，

…………

你知不知道，

你不去看世界，

世界也懒得看你。

在这组"十一行诗"后面，高德地图还有一句突出卖点的营销文案：

9 月 16 日—9 月 30 日，用高德地图打车，单单返现金，加码你的旅行金！

文案解读

除了春节长假以外，"十一"国庆假期是出行人次最多的假期。高德地图作为专注出行服务的品牌，自然是不会错过这个众多品牌争相借势营销的重大节日。

高德地图"十一"国庆假期广告真正要推送的营销信息是"9 月 16 日—9 月 30 日，用高德地图打车，单单返现金，加码你的旅行金"的平台奖励机制。不过，单是这样的文案还不足以让用户对高德"101 全民出行节"产生兴趣。为此，高德地图选择了一种新颖的广告形式——写诗。

"诗和远方"是一句互联网流行语，常常被用在旅游广告中。而高德地图的出行导航服务，天然与"远方"挂钩，用诗歌的形式做广告可以更好地营造"通向远方"的意境。

高德地图这组"十一行诗"，取了"十一"的彩头。其最有味的地方是没有生硬地植入产品信息。比如，上述案例中的"十一行诗"，用了很多拟人化的意象取笑那些不能出门旅游的人，最后直言"你知不知道，你不去看世界，世界也懒得看你"。诗歌直击了用户的痛点，让人意识到世界的广阔和美好，从而自然而然地萌发"放假了就去远方看看"的念头。

文案技巧

上述案例是采用直接创作诗歌的手法写广告文案，创作难度比较高。你可以先试试用一些更简单的办法来构思文案。

1. 直接引用古诗句

这一类广告文案实际上是用古诗词来玩一语双关。比如，百度有个经典广告语"众里寻他千百度"，这句话出自南宋词人辛弃疾的《青玉案·元夕》。杏花村汾酒直接引用了唐代诗人杜牧的诗作《清明》中的名句——"借问酒家何处有，牧童遥指杏花村。"

2. 用古诗句玩谐音梗

江铃汽车的广告文案"千里江铃一日还"，源自唐代"诗仙"李白《早发白帝城》中的"千里江陵一日还"。江铃汽车利用谐音梗，把原诗中的"江陵"改为"江铃"。

3. 用谚语、俗语玩谐音梗

比如，某治痔疮药的广告文案"有痔不在年高"，是把俗语"有志不在年高"的"志"改成了痔疮的"痔"。广告文案衍生出患痔疮不分年龄大小，都应该用药治疗的意思。

4. 利用谚语、俗语、成语改编新词

比如，胆舒胶囊的广告语"大石化小，小石化了"，化用了成语"大事化小，小事化了"。六神特效花露水的广告语"六神有主，一家无忧"，则改编了成语"六神无主"，并用"一家无忧"给用户承诺了产品功效。

总之，当你想不出好词好句时，可以用上述方法拓宽思路。

文案练习41

要求：重庆江小白酒业有限公司想在春节期间为"江小白"写一个与友情有关的海报文案。海报上画的是一群老友久别重逢一起聚餐的场景。现在需要你写一句文案，通过改编、化用"形同陌路"和"一见如故"两个成语来歌颂友情——大家好久不见了，但无论多长时间没见面，举起酒杯都是自己人。文案尽量控制在20个字左右。

你想到的第一个广告文案创意是：

_____

_____

_____

　　江小白"友情"主题春节广告实际采用的文案是（答案见附录）：

_____

_____

_____

拟人法：万物都可以"说人话"

拟人法，是一种将物品或动、植物比喻为人的修辞方法。这种方法分为两个基本类型：第一种是以第三人称来描述物品或动、植物，假设它们会做出人类的动作；第二种则是以第一人称来表达物品或动、植物的心情，仿佛一个人在袒露自己的心路历程。

这两种拟人法的共同特点是将产品转变成拟人角色。如此一来，产品就可以跟目标用户建立较强的联结，消除他们的认知代沟，唤起用户过去的记忆。拟人法让没有生命的产品变得有血有肉，更容易被目标用户识别，对广告的传播非常有利。

比如，长城葡萄酒的一个广告，标题是："三毫米的旅程，一颗好葡萄要走十年。"广告文案把酿造葡萄酒的工艺过程拟人化，展现了一颗葡萄从瓶外走到瓶内，历经 10 年才能变成美酒的"人生历程"。

如果广告直接科普酿造葡萄酒的工艺过程，就会变得像说明书一样枯燥乏味。采用拟人法之后，枯燥的流程说明一下子变得生动、鲜活起来，让目标用户看着更有代入感。

长城葡萄酒广告用的是第三人称的拟人法。下面这个广告案例则以第一人称为主的拟人法写文案，也就是"让商品自己说话"。

文案来了

美团酒店：夏天出去玩，先问问这些本地"人"

2023年暑假，美团酒店出了一组宣传短片，内容是这个夏天怎么玩，先听听这些本地"人"的推荐。短片中的本地"人"其实都不是人，而是山中的松鼠、海边的扇贝、寺庙里的锦鲤、人文景区的石狮子等。短片用拟人化手法写了一组旅游宣传文案。

本地扇贝含泪推荐：这个夏天，吹海风吃海鲜，住着玩。

本地锦鲤推荐：这个夏天，静心禅修，住着玩。

本地石狮子推荐：这个夏天，推开窗赏古镇，住着玩。

本地松鼠推荐：这个夏天，躺进山水，住着玩。

文案解读

当代人喜欢在旅游之前搜索各大社交平台的信息做攻略，唯恐错过有代表性的美景美食，也怕掉进花冤枉钱的陷阱。所以，很多平台都喜欢找一些比较有人气的名人当旅游推荐官，让目标用户选择广告推荐的旅游攻略。而美团酒店的这则广告最巧妙的地方，就是用拟人化的手法组织了一批"本地推荐官"。

美团酒店的这则广告通过不同的"本地推荐官"与用户进

行趣味互动，帮他们找到最舒适的游玩方式。"本地推荐官"们的文案采用了统一的格式——"本地××推荐：这个夏天……，住着玩。"其中，"住着玩"三个字，表达了美团酒店的核心诉求，而"这个夏天"与"住着玩"之间的文案，写的是不同旅游项目或旅游地点给目标用户带来的好处。

其他"本地推荐官"同样属于景区的一部分，以"本地人"的口吻做推广，会让大家觉得这些都是最真实、最接地气的推荐。

文案技巧

在广告文案中运用拟人法，第一步先要找准拟人化的对象。它一般分为两个维度，一个是产品拟人化，另一个是品牌拟人化。比如，在上述案例中，扇贝是美食产品"本地推荐官"，属于产品拟人化。

要想写好产品拟人化的文案，关键在于把产品具象化为目标用户熟悉的事物。这种做法的优点是让产品体验更人性化，有助于消除目标用户因对未知事物不了解而产生的恐惧。如果文案能增加目标用户的安全感，就能促使他们放心下单。

写品牌拟人化的文案，关键在于让品牌产生人的情感，勾起目标用户的情感回忆。通过这种手法，目标用户能迅速地同品牌之间建立熟悉感，进而对品牌文化价值形成更高的认可度与忠诚度。

无论你采用哪种创作思路，都要注意找准拟人化的切入点。这个切入点可以是产品功能、产品外观和产品使用场景等。在此基础上，你要构建一个既符合产品品牌调性，又讨目标用户喜欢的人格化特征。

文案练习42

要求：饿了么星选抓住吃货们对于春鲜美食的渴望心理，发起了针对当季特色菜品的营销活动——星鲜季。活动的主题广告文案是"春味正好，不时不食"，其中，具体的推荐菜品还需要你另写文案。现在需要你为"旺顺阁：鱼头泡饼"写一句风趣、幽默的文案，必须使用"拟人法"，让鱼头自己介绍自己的卖点。文案尽量控制在20个字以内。

你想到的第一个广告文案创意是：

_____

_____

_____

饿了么星选"旺顺阁：鱼头泡饼"广告实际采用的文案是（答案见附录）：

_____

_____

_____

创造新词语，可能没你想的那么难

创造新词语，可能没你想的那么难。如果你经常在网上冲浪，就会看到网络上每天都会产生形形色色的新词语。我们可以先尝试最简单的办法——重新组合现有词语。

2023 年诞生了一组新的网络名词：小孩哥、小孩姐。小孩哥和小孩姐，指的是一些超越年龄成熟的小孩（通常是小学生）。这两个网络新名词在大部分情况下是褒义词，一般是由自愧不如小孩成熟、老练的大人说的。在"小孩"后面加上"哥""姐"，是为了表达拜服的敬意。

广告界也常用类似的思路发明新词语。比如，日本广告界在 2009 年出现过"小孩店长"和"家电艺人"两个流行词。国内广告界在 2023 年推出了包含"特种兵式旅游""显眼包"等新名词的广告文案。

这种新词语通常是两个性质不同的词语的组合。两个词本来很简单，但搭配在一起就产生了新的含义，能准确地反映产品或品牌的本质特征，成为能给广告文案加分的关键词。创造这种新词语的难点在于，你要把自己准备宣传的产品或服务跟大众常用的词语进行有机的结合。同时，它要足够新颖，不要冷僻，否则就会增加目标用户的理解成本，从而违背了降低广告理解门槛的原则。

海尔三翼鸟：爸妈智造

2023年春节，海尔三翼鸟推出了一部叫《爸妈智造》的广告短片。"智造"是智能制造的缩写，但是"爸妈智造"是个新概念。短片开头的文案说："人工智能，咱中国人打小就在用。爸妈那一代，每家都研发过那么几款。"

短片在现实生活中找到逻辑上的衔接点——"爸妈牌人工智能"，比如，妈妈牌防丢门禁系统（钥匙挂绳）、妈妈牌空气净味机（柚子皮）、姥姥牌控温饮水机（用两个杯子来回倒水加速散热）等生活小智慧。

三翼鸟通过"爸妈智造"的主题与目标用户共情，然后把智能生活视为"家的智慧"的升级，以下是"三翼鸟智慧家"的部分宣传文案：

有的家，不管离开多久，一眼就能把你认出来。

（全屋智能·人脸识别）

有的家，会记住你喜欢的温度。

（全屋用水·阳光浴）

有的家知道，忙起来你哪儿都能睡，行，安排！

（全屋空气·安睡守护）

文案解读

　　智能家电的发展，为人们的家居生活带来了越来越多的温暖和便利。如果广告文案直接介绍产品的强大功能，不免有些流于平庸。海尔三翼鸟匠心独运，创造了一个新词——爸妈智造，然后以"爸妈智造"为主题写广告。

　　海尔三翼鸟歌颂"爸妈智造"，是为了强调智能家电对这种家庭智慧的"传承"。它在文案中列举的各种智能家电产品，分别对应了不同的"爸妈智造"的升级版。大家由此明白了智能家电也是有温度的，两代中国人的生活智慧通过智能家电既呼应又交融。

　　《爸妈智造》演绎了两代家庭智慧的变化，贯穿其中的是中国人薪火相传的生活哲学。海尔三翼鸟品牌对"智慧家"内核的持续深耕，饱含了对中国家庭智慧的致敬。这种品牌文化价值观凝聚在短片的结尾文案："三翼鸟智慧家，传承家的智慧。"

　　当目标用户记住了"爸妈智造"这个新名词时，也就顺势记住了三翼鸟智慧家这个品牌。

文案技巧

　　由上述案例可知，在广告文案中创造新词语时，要注意把目标用户需求、产品价值、人文关怀结合在一起。唯有这样才能让你创造的新词语真正深入目标用户的内心。如果你不知道怎样创造新词语，可以尝试以下六种方法。

1. 组合性质不同的词语

你可以先找出营销关键词，再试着与性质不同的字词互相搭配。有些看似很常见的词语，搭配一个看着很不习惯的词语，就会产生很强的冲击力。比如，案例中的"爸妈智造"。

2. 使用特定关键词

你可以试试在文案中使用"改变人生""扭转命运""只要……就……""轻松实现""轻松挑战""零基础"等特定话语，就会让很多人产生兴趣。不过注意不要滥用。

3. 古代名词 + 现代词汇

古代的东西和现代东西差异很大，但正因为如此，两者的组合才可以形成一种鲜明反差，能给人留下深刻的印象。有时候，我们可以借助这种古今组合的新词来让消费者更好地理解古代的东西，比如唐朝大臣上朝时拿的笏板可以称作"大唐干部提词器"。

4. 专业术语搭配普通词语

比如，"阅读术""省钱术""思维杠杆"等词语，就是特定专业领域术语和普通的字词搭配。这种组合能让人感到焕然一新，同时也能体现产品品牌的专业性。

5. 名词与动词的组合

把平常不会放在一起的名词与动词组合在一起，也可能引起微妙的化学反应。

6. 将信息系统化的词语

你可以把"法则""公式""规则""方程式""黄金定律""原则"等作为新词语组合的后缀，在其前面搭配你想介绍的产品价值或品牌文化关键词。这样创造出来的新词语，比较便于信息接收方的理解与记忆。

　　总之，创造新词语可能没有你想象中那么难。保持开放的思维，不断尝试新的词语组合，你就能找到更契合广告文案需要的绝妙新词。

文案练习43

　　要求：在"秋天第一杯奶茶来临时"，饿了么需要出一个能共情当代年轻人的新广告文案。假设你是饿了么的广告代理商，对方要求你把最近流行的寺庙文学、打工人、奶茶哲学融合起来，通过寺庙文学与年轻的"打工人"进行"玩梗"，同时说明"秋天第一杯奶茶"能带给人从口感到心灵的宽慰。现在你已经用创造新词的办法想出了标题《这杯我禅了》，还要据此再写一句35个字左右的核心文案。

　　你想到的第一个广告文案创意是：

_____

_____

_____

　　饿了么《这杯我禅了》广告实际采用的文案是（答案见附录）：

_____

_____

_____

创意不设限，多打二次创作组合拳

今天的广告文案，在创意想象力、思想深度、知识功底、情感沟通、文字表达等方面展开了全方位竞争。我们只有不断地创新，才能写出甲方更满意、促销更给力的广告文案。在不违背法律法规、公序良俗、社会底线的前提下，我们不要给自己的想象力设限，必要时多打二次创作组合拳。

其实，你只要仔细回顾一下前面介绍的知识和技巧，就会发现里面隐藏了许多二次创作的手法。特别是第六章的"玩梗"借势，都是最常见的二次创作套路。它们之间的排列组合，可以衍生出无穷无尽的新创意。运用之妙，存乎一心。

天猫："618"年中大促节广告短片

2023 年，天猫在"618"年中大促来临前推出了一部创意十足的短片。短片讲述了 5 个小故事：花木兰替父从军去集市买东西、《新白娘子传奇》里白素贞与小青购物、《鲁豫有约》采访天猫吉祥物、TVB艺人陈敏之的港剧、《天气预报》这5个经典片段，通过幽默"玩梗"的方式向大家传递"618"年中大促节天猫真的很划算的信息。以下是木兰篇的文案：

花木兰东市买骏马，西市买鞍鞯……为什么不在一个店里买呢？

因为跨店有满减呀！

文案解读

这次的天猫"618"年中大促节的广告用5个小故事讲述了5个促销利益点。为了让这些促销利益点更好地被用户记住，广告创意十足，运用了一些具有国民级认知度的典故、明星、影视剧、访谈节目、天气预报节目进行二次创作。

这些二次创作的节目，挖掘了多样化的国民认知梗。几乎所有成人都能找到自己熟悉的梗，总有一款会让你产生共情。此举极大地扩大了广告受众的覆盖面，使其传播对象几乎包含了真正意义上的普罗大众，同时降低了大众对促销利益点的理解门槛。

比如，广告中的木兰篇采用动漫的形式演绎了北朝民歌《木兰辞》里的经典片段——"东市买骏马，西市买鞍鞯，南市买辔头，北市买长鞭。"然后提出了一个问题："为什么不在一个店里买呢？"并给出了一个应景的答案——"因为跨店有满减呀！"

广告木兰篇宣传的促销利益点是"跨店每满300减50，还享支付宝分期免息"，文案恰到好处地呼应了这个点，给目标用户留下了深刻的印象。广告中的其他篇也是如此，把大家记忆中的各种经典梗与宣传要点做了深度结合，使人看着记忆犹新，不知不觉就接受了二次创作的新设定。

文案技巧

由上述案例可知，二次创作组合拳是一个很有效的广告文案创作思路。因为二次创作所依据的原素材、原作品，本身就有数量可观的支持者。创意十足的二次创作若是能符合此类目标用户的审美喜好，就能迅速地打消产品与用户之间的隔阂。如此一来，目标用户就比较乐于接受你在文案中传播的营销信息了。

二次创作的另一个好处是比纯粹的原创相对容易产生流行梗。你只要广泛涉猎图书、影视、动漫、游戏、综艺节目、文化活动、体育运动等，就能找到可以用于二次创作的"原材料"。因此，你要养成平时搜集素材，整理灵感碎片的习惯。只有不断积累素材和灵感，写文案时创意才会信手拈来。

不过，随着二次创作在广告中的运用日益普遍，这个赛道也越来越"卷"了。你要多学习那些经典的二次创作型广告，从优秀的二次创作中寻找灵感，切记不要生硬照搬，以免陷入抄袭的争议，或者导致文案落入俗套，达不到预期的效果。

文案练习44

要求：2024年立春，饿了么准备出一组立春宣传文案，以传统小吃春卷为切入点。饿了么想把美食春卷的"卷"跟生活中的"内卷"现象结合在一起，提出一套寓意颇深的"春卷哲学"。现在需要你写一句文案，宣扬"春卷哲学"，借生活烟火气来安抚大众的紧张、焦虑情绪，字数在15个字左右为宜。

你想到的第一个广告文案创意是：

_____

_____

_____

饿了么2024年立春春卷广告实际采用的文案是（答案见附录）：

_____

_____

_____

附　录

练习板块答案

【文案练习1】

多种口味的团圆，一种贴心的呵护。

【文案练习2】

"身手钥钱"，都还在吗？落车上的话，我们努力帮你一起找。

【文案练习3】

儿童餐只能算前菜，大人的快乐还有下酒菜。

【文案练习4】

想要有热乎的糕点，肚子就要有耐心。

【文案练习5】

高、高、高、高清视频，重要的事说四次。

【文案练习6】

日落后的9小时，他们的精彩才刚刚开始。

【文案练习7】

谢谢你，把日子过成家。

【文案练习 8 】

焦虑就像你搭公交车时拿着行李，你把它扛在肩上，车不会因此早一点来，你把它放在地上，车也不会因此晚一点到。

【文案练习 9 】

咱们这颗芯，与 iPhone 11 Pro 大哥平起平坐。

【文案练习 10 】

我们不需要广告，这块湿地就是最好的广告。

【文案练习 11 】

是大师，就追求完美。

【文案练习 12 】

要捡起心中的梦，先放下手中的碗。

【文案练习 13 】

彼此破过风的人，都是自己人。

【文案练习 14 】

王子是可以吻醒睡美人，但我不缺王子，我缺觉——献给每一个生活中的苦命甜心。

【文案练习 15 】

建议少听"建议"，听内心的声音，勇敢去体验吧。

【文案练习 16 】

愿去向未来的人都有未来，想回来的人都能回来。

【文案练习 17 】

生活总有一些重量，但也总有一个能接住你的地方。

【文案练习 18 】

要光有光，要影有影，要轮廓有轮廓。

【文案练习 19】

B 站是一个没有书的图书馆，也没有架子。

【文案练习 20】

我不是在劝你订报纸，是想跟你一起打开生活。

【文案练习 21】

人类失去联想，世界将会怎样?

【文案练习 22】

不要做广告……

【文案练习 23】

老板其实才是公司里最简单纯粹的人，因为他总是想的简单，说的简单。

【文案练习 24】

过期的旧书，不过期的求知欲。

【文案练习 25】

不要因为十指间的精彩，忘却了身边真正的风景。

【文案练习 26】

多一些润滑，少一些摩擦。

【文案练习 27】

从模糊的印象派到清晰的写实派，就只差一个 Keloptic 眼镜而已。

【文案练习 28】

iPhone=1 个大屏 iPod+1 个手机 +1 个上网浏览器。

【文案练习 29】

成长，就是不断给生活增加新的收货地址。

【文案练习 30 】

一张沙发，是一天忙碌后最大单位的舒服。

【文案练习 31 】

凌晨采摘，4 点上路，在你赶早高峰之前，我已跨过巴蜀十万高峰。

【文案练习 32 】

价格跟血压、血脂、血糖一样，不能太高。谁说我老花眼，谁贵谁便宜我看得一清二楚。就算记性再差，也不会忘了货比三家。

【文案练习 33 】

尽管是临时队友，但替你扛^①的伤害和给你的治疗都是真实的。

【文案练习 34 】

无论多大的后备箱，返程时都会装满一整个家乡。

【文案练习 35 】

显耀和显赫之间，选择显眼。

【文案练习 36 】

春味正好，不时不食。

【文案练习 37 】

"洽"逢红楼，磕到上头。

【文案练习 38 】

古今有别，热爱相通，电竞好物在此间集结。

【文案练习 39 】

许男女老少各得其乐，身心荣昌。

---

① 此处的"扛"，原文中使用的是"抗"，本书引用过程中做了修改。

【文案练习 40 】

行李在转运，生活也在转运。

【文案练习 41 】

时间让我们形同陌路，酒杯里我们再见如故。

【文案练习 42 】

都说人类身体的完美比例是九头身，我一个头就占了身体的十之八九，真让人头大啊……

【文案练习 43 】

职场无边，奶茶是岸。

【文案练习 44 】

把生活的卷，都在春天吃掉。